「クッキー同盟」の英国仕込みのクラフトクッキー

クッキー同盟

講談社

はじめに

「クッキー同盟」の世界へようこそ。

「お茶の時間」が生活の中に習慣として溶け込んでいる英国では、クッキーはママが作るおやつです。焼いている間にオーブンから立ちのぼる香ばしく甘い香り、飾り気はないものの素朴であたたかみがある焼き立てのおいしさ。そして、おいしさだけではなく、焼きあがるまでの時間や、焼きあがった後に家族や友人、大切な人たちと過ごすティータイムを、楽しく豊かにしてくれる、それがクッキーの魅力です。

私たちクッキー同盟は、小麦粉、卵、バターに加え、ドライフルーツやナッツなど、シンプルだけど良質な材料を使って作る、オリジナルのクラフトクッキーを作っています。見た目に派手さはないけれど、だからこそ材料のよさがおいしさに直結する実直な味。イベントとネットでの販売のみながら、口コミで評判をいただいています。

クッキー同盟のレシピは、英国の生ケーキやスコーンなどからヒントを得たもの、そして各地に伝わる伝統的な焼き菓子が原型になっているものなどがあります。この本では、ごくシンプルな材料で作るベーシックなものから、ジャムやアイシングを作ったり、異なる生地を組み合わせて複雑なおいしさを味わえるものまで、バリエーションに富んだオリジナルレシピを初公開。ぜひ作ってみてください。

食べる人みんなが幸せになれる時間を提供することができたら、こんなにうれしいことはありません。さあ、英国クッキーの世界を楽しみましょう。

クッキー同盟
COOKIE UNION

クッキー同盟憲章

CHARTER OF THE COOKIE UNION

一、私たちはクッキーの個性を尊重し、
その生まれと成り立ちを重んじ、
英国文化の歴史と伝統を噛み締めます

一、クッキーの前では、老若男女、
人間・動物・妖精の類を問わず、
皆が平等に扱われるものとします

一、クッキーを食すときは温かい紅茶を用意し、
(お望みであれば、コーヒーや日本茶でも構いません)
姿勢を正して、心清らかにクッキーと向き合います

一、クッキーは五感で楽しみます。両手でつかみ、
ためらわず大きな口を開けてかじり、その味、香り、
触感、歯ごたえを存分に堪能します

一、クッキーを食しているあいだは、
嘆きや悲しみは忘れ、食を楽しむことに
集中します。笑顔で会話を交わし合い、
ときに深く頷くことも忘れずに

Contents

Chapter1 ベーシッククッキー

Chapter2 フルーツを使った定番クッキー

column

クッキー作りの
基本の道具

この本で使用しているクッキー作りに必要な
道具を紹介します。
特別なものはなくても大丈夫。
自分の使いやすい道具で作ってみましょう。

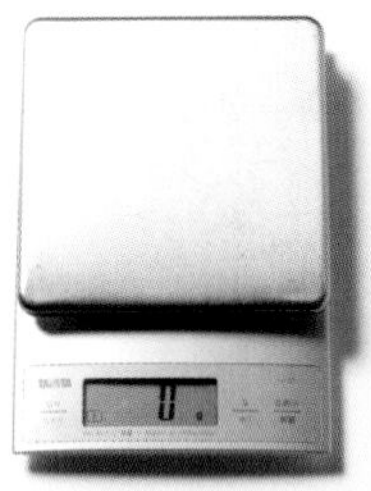

デジタルスケール

クッキーを上手に作るには、材料をレシピ通りに正しく計量することが大切なポイントです。重曹やベーキングパウダーなどの膨張剤はごく微量の場合もあるので、0.1g単位で計れるものがベストです。

ボウル

耐熱性のガラスボウルは、透明なため中の状態がわかりやすく、また、におい移りなどもないため、お菓子作りに適しています。サイズは18cm、21cm、24cmの3サイズがあると便利です。

粉ふるい

いろいろな種類がありますが、おすすめはざるのような形状で、取っ手がついているストレーナータイプ。粉類が一度に大量に入るうえ、下にボウルを置いてホイッパーで混ぜれば粉を散らさずふるうことが可能。

カード

別名：スケッパー。バターに粉を加えて切り混ぜたり、生地をまとめたりカットしたり、いろいろな場面で活躍。曲線側はボウルに沿って生地を集めるときにも便利。直線側は生地を平らにならすのに使えます。

めん棒

クッキー生地を平らにならしたり、冷やしてしめた生地を伸ばすときに使用します。木製やプラスティック製などがありますが、クッキーづくりにはやや重みがあって自分の手になじむ木製が使いやすいでしょう。

ホイッパー

メレンゲを作るのはもちろん、バターをすり混ぜたり、空気を含ませて白っぽくふんわりさせるときにも使用。ワイヤーの本数が多いものは空気を多く取り込めます。ステンレス製が使いやすくおすすめ。

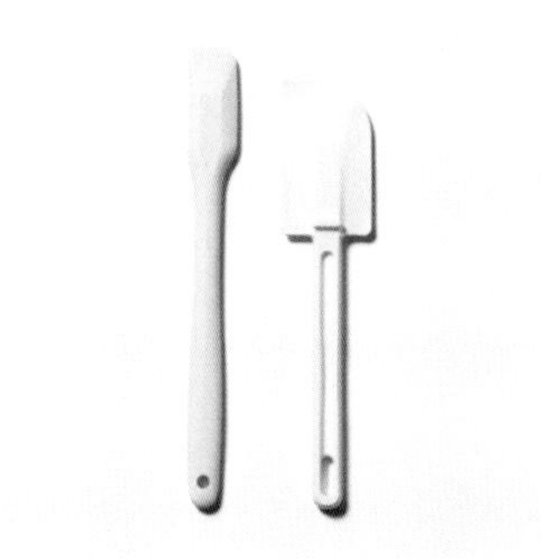

ゴムべら

カードと同様に、バターと粉を切り混ぜたり、生地を別の容器に移すなどいろいろな場面で必要です。ボウルから生地を無駄なく取るときにも欠かせません。小さなボウルで作業するときは細いへらもあると便利。

木べら

もったりとした重い生地をさっくり混ぜたいときには、木べらが便利です。鍋で加熱して作るジャムやクリームを作るときにも必要です。においが移ってしまうので、料理用とは分けて使いましょう。

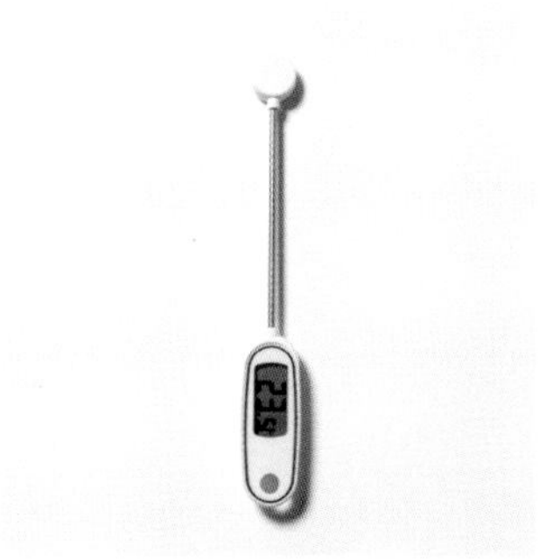

温度計

チョコレートクリームやトフィーなど、温度調整ができあがりを左右するお菓子を作るときに必要な道具です。200℃くらいまで計れるものがいいでしょう。温度がデジタル表示されるものが見やすくておすすめ。

はけ

クッキー生地につや出し用の卵を塗ったり、接着用の水をつけるときに使用。天然素材は塗りやすいものの毛が抜けやすく、化繊製は毛が劣化しにくく安価、シリコン製は毛が抜けにくく手入れも楽という特徴が。

オーブンシート

表面がツルツルとしていて、水や油を通さないコーティング加工がされています。まな板に敷いて型抜きをしたり、天パンに敷いてからクッキー生地をのせるなど、クッキー生地のくっつきを防止します。

あると便利な道具

ハンドミキサー

泡立てはホイッパーでもできますが、しっかりしたメレンゲを作りたいときには、ハンドミキサーを使うと労力軽減＆時間短縮ができて便利。

クーラー（網）

クッキーを焼き上げたあと、湿気がこもらないように冷ます網型の台。チョコレートやアイシングでクッキーをコーティングするときにも。

口金

絞り袋の先端にセットし、ゆるめの生地やクリームなどを絞り出すときに使います。さびにくく、変形しにくいステンレス製がおすすめです。

クッキー作りの 基本の材料

この本で使用している粉類や砂糖など、
基本の材料についてご紹介します。
クッキー作りにおけるそれぞれの役割や
風味の違いなどを知っておくと便利です。

粉のこと

A 薄力粉

薄力粉は小麦粉の一種ですが、粘り気を生むグルテンが少ないのが特徴。焼き菓子など、ふんわりサクッと仕上げたいものに使われます。ただしこねすぎるとグルテンが出るので注意を。

B 強力粉

小麦粉の中でも最もグルテンが多く、粘り気を出したいパンなどに使われます。クッキー作りでは、薄力粉に強力粉を混ぜることで、ザクッとした歯ごたえを生み出すことができます。

C 米粉

米粉は米を製粉したもの。超微粒子でサラサラとしています。薄力粉と合わせることで、サクサク＋ホロホロとした食感のクッキーに焼き上げることができます。

D コーンスターチ

コーンスターチとはとうもろこしを原料としたでんぷんのこと。クッキー生地に合わせると生地の粘りを抑え、米粉と同様にサクサク＋ホロホロの食感に焼き上げることができます。

E アーモンドパウダー

生のアーモンドを粉砕したもので、クッキーに加えると風味が豊かに。またアーモンドの脂質と粗い粒子によって、焼き上がりがかたくなるのを防ぎ、ホロホロ食感を生み出します。

◆ 膨張剤について

クッキーを膨らませるためのもの。この本では重曹やベーキングパウダーなどを使用しています。ベーキングパウダーはアルミニウム入りのものだと苦みを感じることがあるので、アルミニウムフリーのものを選びましょう。

砂糖のこと

F きび糖

さとうきびから作られる薄褐色の砂糖。精製途中の砂糖液を煮詰めて作るため、グラニュー糖や上白糖よりもコクがあり、さとうきびの風味やミネラルが残っています。

G カソナード

さとうきびの絞り汁を煮詰めた精製していないフランス産の砂糖。バニラのような甘い香りと深いコクがあります。粒子が粗いためクッキー生地に加えるとザクザクとした食感を与えます。

H 粉糖

グラニュー糖を細かく粉砕したもの。粒子が細かいので溶けやすく、クッキーを軽く仕上げたいときに使ったり、またアイシングの材料や、できあがった後の飾りとしても使用されます。

I グラニュー糖

精製度が高くさらっとしていて、クッキー生地に混ぜたり、食感としてまぶすなど、焼き菓子全般に広く使われています。海外で砂糖と言えば一般的にグラニュー糖をさします。

J 上白糖

しっとりした質感の日本独自の砂糖。焼き菓子に使う場合は、その特徴を生かし、しっとり焼き上げたい場合などに使用。甘みはグラニュー糖より強く感じます。

バターのこと

この本ではすべて無塩バターを使用しています。味に大きく関わるものなので、新鮮で良質なものを選びましょう。下準備にある「やわらかくする」とは、常温に戻し、形はくずれない程度で、指で押すとスッと入るくらいが目安。

卵のこと

卵はサイズによって個体差があるので、面倒でもきちんと計量して入れましょう。目安としては、Mサイズ1個分の卵白は約30g、卵黄は約20gです。MサイズもLサイズも卵黄の重さは大差がなく、卵白の量に差があります。

Chapter 1

ベーシッククッキー

ごくシンプルな生地で作るベーシックなクッキーたち。
手軽に作れるアイスボックスクッキーを中心に、
多彩な味のバリエーションが広がっていきます。

アールグレイ・ティータイム

難易度｜★

Earl Grey Tea Time

シンプルなクッキー生地に細かく刻んだ紅茶の茶葉を加えて焼き上げます。
茶葉は香りが引き立つアールグレイがおすすめです。

材料　直径5cm 約35枚分

無塩バター　112g
粉糖　112g
アーモンドパウダー　56g
薄力粉　170g
紅茶の茶葉（アールグレイ）　10g
グラニュー糖　適量

下準備

- バターはやわらかくする
- 薄力粉をふるう
- 紅茶の茶葉を細かく刻んでおく（ポリ袋に入れてめん棒で押しつぶしてもよい。細かい茶葉が好みなら包丁できざむ）

- オーブンを170℃に温めておく

作り方

1 バターに粉糖を加えて、カードでムラなく切り混ぜる。

Point カードの曲線辺を使うと、ボウルの側面もうまく使えて混ぜやすい。

2 **1**にアーモンドパウダーを加え粉っぽさがなくなるまで混ぜる。

3 **2**に薄力粉の半量を加え、粉っぽさがなくなるまで切り混ぜる。

4 **3**に茶葉を加え、全体に行き渡るよう混ぜ合わせる。

5 残りの薄力粉を加えて同様に混ぜる。

Point 薄力粉を加えたら、サクサクと切り混ぜること。こねるとクッキーがかたくなってしまう。
粉がまとまってぽろぽろした状態になればOK。

6 生地にカードを押し当ててひとまとめにし、半分に分ける。

次ページにつづく▶

アールグレイ・ティータイム

7 生地をもみながら直径5cm×20cm程度の棒状にする。

Point はじめから転がして棒状にすると、生地の中に空気が入って気泡になるので、もんで棒状にしてから整える。

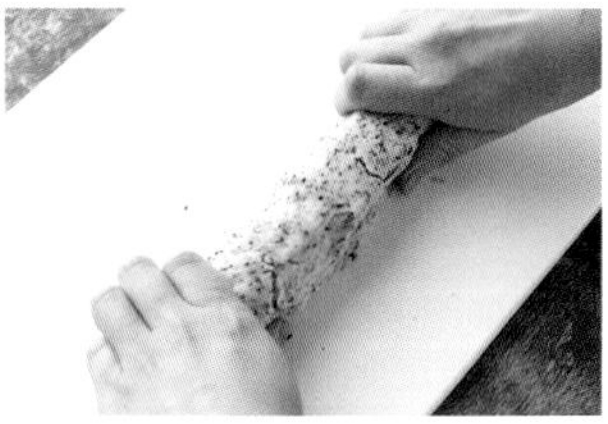

8 まな板の上で軽く転がして長さ、形を整える。

Point めん棒を軽く当てて転がすと、表面が滑らかになる。

9 **8**にクッキングペーパーを巻いて冷蔵庫で約1時間休ませる。

Point 冷蔵庫で休ませると、焼いた後のゆがみや縮みが防げるうえ、冷えて切りやすくなる。

10 **9**を冷蔵庫から出し、手に水少々（分量外）をつけて生地を軽く湿らせる。

11 バットに広げたグラニュー糖の上で転がして全体に砂糖をまぶす。

12 **11**を1cm厚さに切り分けていく。

13 **12**をオーブンシートを敷いた天パンに間隔をあけてのせ、160℃のオーブンで20分焼く。

column 1

クッキー作りのコツ❶ 生地作り

卵の計量の仕方

卵は、分量をきちんと計ってから加えます。計るときはすべて溶きほぐしてから。材料に「卵白」「卵黄」とあるものは黄身と白身を分けてそれぞれ溶いたものを、「全卵」は黄身と白身を混ぜてから計量を。
他の材料もすべて計量＆用意してからクッキー作りを始めて。

粉のふるい方

粉ふるいは慣れないと粉が飛び散りがちですが、プロも行っている便利な方法をご紹介。
ストレーナータイプのふるいの下に、ひとまわり大きいサイズのボウルを置いて、ホイッパーで混ぜるだけ。粉が飛び散ることもなくあっという間にふるうことができます。

粉を合わせる時は2~3回に分けて

バターや卵液など、ペースト状や液状のものと粉類を合わせるときは、一気に入れるとダマになってしまう可能性が。
慣れないうちは2~3回に分けて入れ、そのつど混ぜて。粉と液体が混ざってから、残りの粉類を加えましょう。

材料は切り混ぜる

粉を加えたら、カードやゴムべらなどで、ザクザクと切るように混ぜるのが正解。
ぐるぐる混ぜると、薄力粉のグルテンが出てしまい、焼いたときにかたくなってしまいます。ボウルの側面に付いた粉も生地に入れ込みながら、底からすくい上げるようにして混ぜます。

「乳化させる」ということ

水と油などそのままでは分離するものが、混ざって白濁する状態を「乳化」と言います。
クッキー作りでは、バターと卵がその例で、十分に乳化しないと、あとに加える粉類もうまくなじまず、生地の仕上がりに影響が出てしまいます。乳化はしっかり行いましょう。

練り過ぎに注意

できあがった生地をまとめるときも、こねくりまわさないよう注意を。グルテンが出てしまいます。
クッキー生地の仕上がりは、多少ホロホロしていてもいいので、練らずにひとまとめにする程度にしましょう。

キャラウェイ・ナッツ

Caraway Nuts

難易度｜★★

さわやかな香りと甘みが特徴的なキャラウェイシード入りのクッキー。
くるみ入りのザクザクした食感とほのかな塩味がクセになります。

材料　直径5cm 約30枚分

無塩バター　125g
A｜きび糖　75g
　｜塩　3g
全卵　5g
アーモンドパウダー　30g
キャラウェイシード　5g
B｜薄力粉　150g
　｜ナツメグ　1g
　｜重曹　0.3g
くるみ　18g

下準備

- バターはやわらかくする
- Bを合わせてふるう
- オーブンを180℃に温めておく
- くるみをローストしてきざみ、冷ましておく
（オーブンがあたたまったら天パンにくるみを広げて4〜5分焼き、包丁で粗くきざむ）

作り方

1 バターにAを加えて、カードでムラなく混ぜる。

2 1に溶いた全卵を合わせてなじむまで混ぜる。

3 2にアーモンドパウダーを加えて粉っぽさがなくなるまで混ぜたら、キャラウエイシードを加えて混ぜる。

4 3にBの半量を加え、粉っぽさがなくなるまで切り混ぜる。粉っぽさがなくなったら残りの半量を入れて同様に切り混ぜる。

5 4にきざんだくるみを生地に加えてムラなく切り混ぜる。
Point くるみは熱いまま加えると生地が傷むので、必ず冷ましてから。

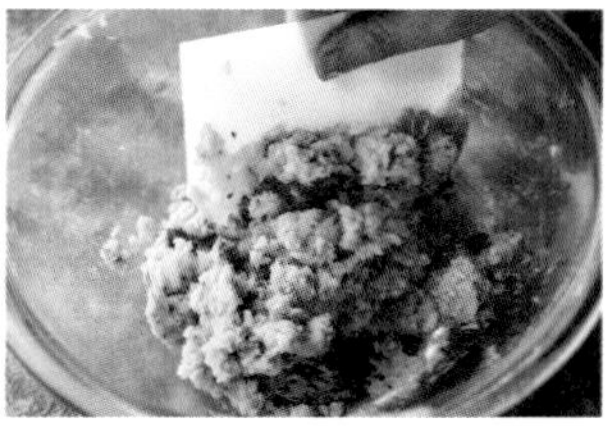

6 生地を半分に分けてそれぞれを棒状にし（P14の作り方7,8を参照）、クッキングペーパーを巻いて冷蔵庫で約3時間休ませる。

7 6を7〜8mm厚さに切り、オーブンシートを敷いた天パンに間隔をあけてのせ、170℃のオーブンで20分焼く。

スパイシー・ジンジャーズ

難易度｜★★

Spicy Gingers

**クッキー同盟の人気クッキー。ジンジャー、シナモン、クローブなどの
さまざまなスパイスとモラセスを合わせた複雑な風味が魅力です。**

材料　直径6cm 約40枚分

無塩バター　117g
A｜カソナード　66g
　｜塩　1g
全卵　34g
モラセス（はちみつでもよい）　40g
B｜薄力粉　306g
　｜重曹　8g
　｜ジンジャーパウダー　3.5g
　｜シナモンパウダー　3g
　｜ナツメグパウダー　3.5g
　｜オールスパイスパウダー　2g
　｜クローブパウダー　3g

モラセスとは？

ミネラル分が豊富で、ドロリとした粘度があるシロップ。黒糖にも似た奥深いコクとうまみがあります。

下準備

- バターはやわらかくする
- Bを合わせてふるう
- オーブンを180℃に温めておく

作り方

1 バターにAを加えてムラなく混ぜる。溶いた全卵も加えてなじむまで混ぜたら、モラセス（またははちみつ）を加えて混ぜる。

2 1にBを3回くらいに分けて入れ（そのつど混ぜる）、粉っぽさがなくなるまでゴムべらで切り混ぜる。

3 生地をまとめてラップに包み、めん棒で四角く平らにして冷蔵庫で約2時間休ませる。

4 3をラップをしたままめん棒で5mm厚さ程度にのばし、抜き型（丸6cm）で抜く。オーブンシートを敷いた天パンにのせて、170℃のオーブンで20分焼く。

ロースト・ナッティ・コーヒー

難易度｜★★★★

Roasted Nutty Coffee

ローストした香ばしいくるみとコーヒーアイシングの組み合わせ。
ココア入りの生地にきび糖をまぶして焼き、食感のアクセントを。

材料　直径5cm 約30枚分

◆ クッキー生地

無塩バター　125g

A｜きび糖　75g
　｜塩　3g

全卵　5g

B｜薄力粉　180g
　｜ココア　5g
　｜重曹　0.3g

きび糖　適量

くるみ　18g

◆ コーヒーアイシング

インスタントコーヒー　2g

粉糖　100g

卵白　30g

下準備

- バターはやわらかくする
- Bを合わせてふるう
- くるみをローストする（オーブンがあたたまったら天パンにくるみを広げて4〜5分焼く）
- オーブンを170℃にあたためておく

作り方

1 バターにAを加えてムラなく混ぜる。溶いた全卵も加えてなじむまで混ぜる。

2 Bを3回くらいに分けて**1**に加え（そのつど混ぜる）、粉っぽさがなくなるまでゴムべらで切り混ぜる。

3 生地をひとまとめにし、半分に分けてそれぞれを棒状にする（P14の作り方**7**・**8**を参照）。クッキングペーパーを巻いて冷蔵庫で約2時間休ませる。

4 **3**を冷蔵庫から出し、手に水少々（分量外）をつけて生地を軽く湿らせ（P14の作り方**10**を参照）、バットに広げたきび糖の上で転がして全体にまぶす。

5 **4**を1cm厚さに切ってくるみをのせ、オーブンシートを敷いた天パンに間隔をあけてのせて160℃のオーブンで20分焼く。

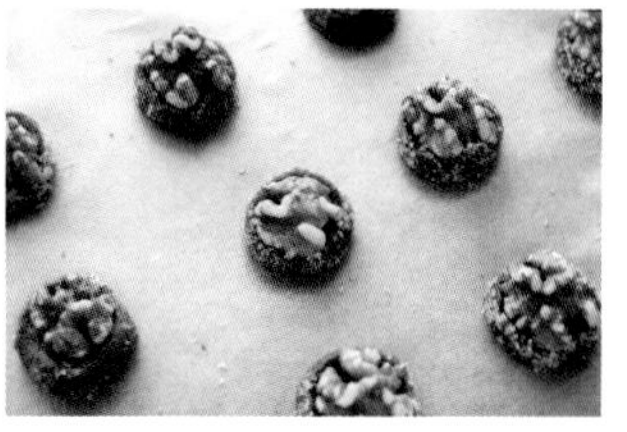

6 コーヒーアイシングを作り、絞り袋（P22参照）に入れる。クッキーが焼きあがって冷めたら、アイシングを絞る。

コーヒーアイシングの作り方

1 粉糖に卵白を加え、細めのゴムべらで粉糖のダマをつぶしながらよく混ぜる。

2 **1**にコーヒーも加えてよく混ぜる。ゆるい場合は粉糖を足して調節する。かためのほうが早く固まりやすい。

column 2

オーブンシートを使った「絞り袋」の作り方

P21の「ローストナッティ・コーヒー」で使用したアイシングの絞り袋の作り方を解説します。三角形に切ったオーブンシートをコルネ状に丸めるだけで簡単にできます。
細かい模様をつけたり、名前など文字を書くときにも活用できるので、覚えておくと便利です。

1 オーブンシートを20cm×25cmに切り、それを折って三角を作り、折り目を切る。

2 1でできた三角形を半分に折る。

3 折り目をつけたところがセンターになるよう、先端をとがらせて両端を巻き込み、コルネ状にする。

4 端はテープなどで固定し、袋の入れ口は紙を内側に折って、アイシングを入れやすいように形状を固定する。

5 中にアイシングクリームを入れて上方の紙を折り曲げて口を閉じる。アイシングをする直前に先端をごくわずか切って、絞り出す。

オープン・セサミ

作り方▶P24

オープン・セサミ

Open Sesame

難易度｜★★★

**黒ごま＆白ごまのペーストをそれぞれ生地に練り込み、２種類の生地をマーブルにして仕上げました。
まわりにつけた、プチプチ食感のごまも美味。**

材料　7cm×4cmの長方形 約20枚分

無塩バター　115g
粉糖　65g
全卵　25g
バニラオイル　1.5g
A｜薄力粉　200g
　｜ベーキングパウダー　2g
　｜塩　2.5g
白ごまペースト　25g
黒ごまペースト　15g
接着用卵白　適量
いり黒ごま、グラニュー糖　各適量

下準備

- バターはやわらかくする
- Aを合わせてふるう
- オーブンを160℃に温めておく

作り方

1 バターに粉糖を加えてカードでムラなく混ぜる。

2 溶いた全卵にバニラオイルを加え、2〜3回に分けて**1**に加えて混ぜる。

3 **2**にAを加え、粉けがなくなるまで切り混ぜる。

4 生地を3等分にし、⅓量と⅔量に分ける。

5 ⅓量には黒ごまペーストを、⅔量には白ごまペーストを加えてムラなく混ぜ合わせて2種の生地を作る。

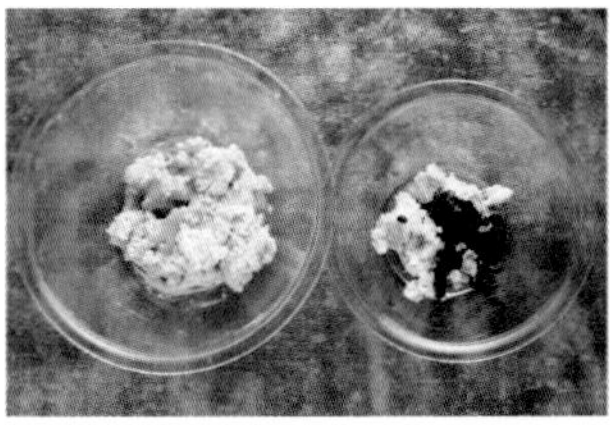

6 それぞれをラップで包んで30分冷蔵庫で休ませる。

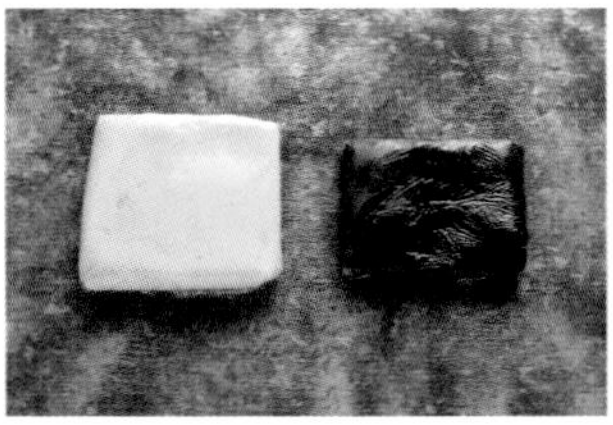

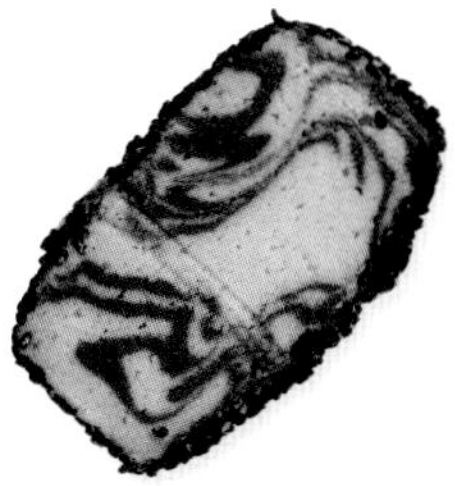

7 黒ごま生地、白ごま生地をそれぞれ半分に分ける。同じ厚みになるようにめん棒で押しのばして重ねる。

8 生地を折り混ぜてマーブル模様を作る。

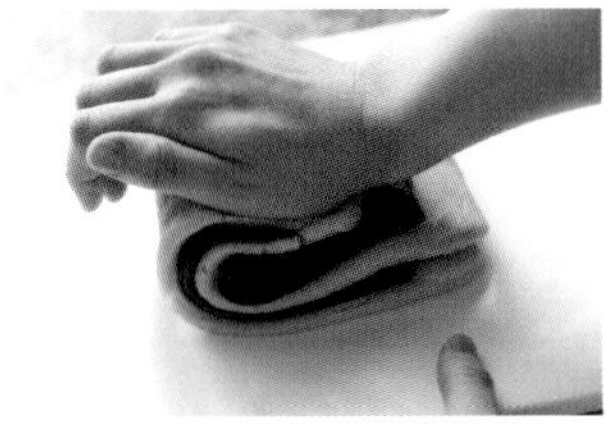

Point 生地を押しのばしたり折り混ぜるときは、まな板にクッキングシートを敷いて行うと、生地がつかない。

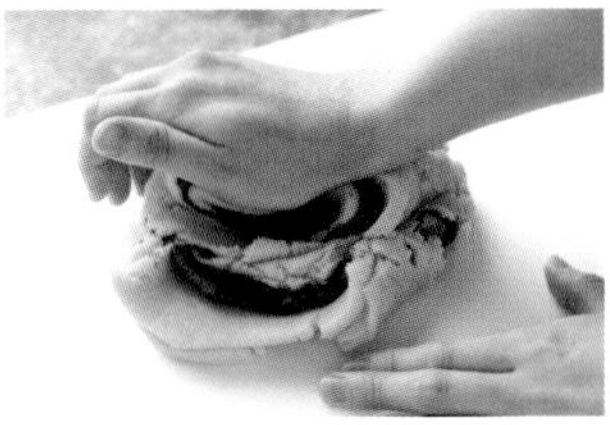

9 生地はざっくり混ぜる程度でよい。混ぜすぎるとマーブル模様にならないので注意。

10 クッキングシートごと生地を整えていく。

11 幅5～6cm×高さ3cm×長さ20cmの四角い棒状に成型する。ラップに包んで約1時間、冷蔵庫で休ませる。

12 溶いた卵白を生地のまわりにはけで薄く塗る。

13 黒ごまとグラニュー糖を混ぜたものを振りかけ、軽く押して密着させる。

14 1cm厚さに切り、オーブンシートを敷いた天パンに並べて150℃で18分焼く。

クリーミー・キャロット

Creamy Carrot

難易度 | ★★★★★

イギリスを代表するお菓子、キャロットケーキをクッキーにアレンジ。
クリームチーズアイシングをのせて、できたてのおいしさを味わって。

材料　直径4cm 約30枚分

◆ クッキー生地
無塩バター　125g
A | きび砂糖　75g
　| 塩　3g
全卵　5g
キャロットペースト　10g
B | 薄力粉　180g
　| 重曹　0.3g
　| シナモンパウダー　1g
　| ナツメグパウダー　1g
くるみ　18g
◆ キャロットペースト　10g
にんじん　小サイズ½本（約50g）
※作りやすい分量。うち10gを使用
◆ クリームチーズアイシング
クリームチーズ　100g
粉糖　30g
◆ 仕上げ用
粉糖　適宜

下準備

- バターはやわらかくする
- Bを合わせてふるう
- キャロットペーストを作っておく
- くるみをローストしてきざみ、冷ましておく（オーブンがあたたまったら天パンにくるみを広げて4〜5分焼き、手であらく砕く）
- クリームチーズはやわらかくする
- オーブンを180℃に温めておく

作り方

1 バターにAを加えてムラなく混ぜる。溶いた全卵も加えてなじむまで混ぜたら、キャロットペーストを加えて混ぜる。

2 **1**にBを3回くらいに分けて入れ（そのつど混ぜる）、粉けがなくなるまでゴムべらで切り混ぜる。

3 生地を半分に分けてそれぞれを棒状にし（P14の作り方**7**・**8**を参照）、クッキングシートを巻いて冷蔵庫で約3時間休ませる。

4 **3**を7〜8mm厚さに切り、オーブンシートを敷いた天パンに間隔をあけてのせる。ローストしたくるみをのせて、はがれないように生地に軽く押しつけ、170℃のオーブンで20分焼く。

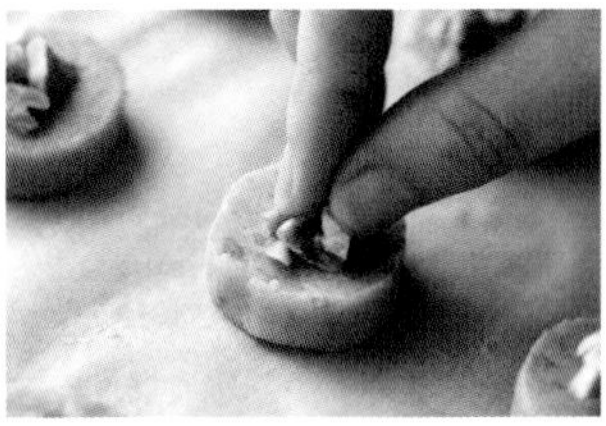

5 焼いている間にチーズアイシングを作る。**4**が焼けたらスプーンでアイシングを塗り、好みで粉糖をふる。

キャロットペーストの作り方

にんじんは皮をむいて5mm幅程度の輪切りにする。耐熱ボウルに入れてラップをし、電子レンジで2分ほど加熱してやわらかくする。スプーンでつぶしてペースト状にする（粗くつぶす程度でよい）。

クリームチーズアイシングの作り方

クリームチーズは、なめらかな状態になるまでゴムべらなどで混ぜてから、粉糖を加え、粉糖のつぶつぶ感がなくなるまで練り混ぜる。

スパイス・チーザー
Spice Cheeser
セイボリー・ベーコン
Savory Bacon

難易度｜★★

砂糖を入れずに作る、甘くないクッキーです。クッキー生地はチーズ入りでホロッと口どけがよく、お酒にも合いそうなおつまみ系の味。

材 料　長さ5cm×幅1.3cm 約30本分

無塩バター　120g
パルメザンチーズ
（粉チーズでもよい）　20g
チェダーチーズ　10g
アーモンドパウダー　60g
全卵　15g
卵黄　12g
A｜薄力粉　120g
｜スパイスミックスソルト　6g
｜米粉　15g

下準備

- バターはやわらかくする
- スパイスミックスソルトを作る
- Aを合わせてふるう
- オーブンを160℃に温めておく

スパイスミックスソルトの作り方

ファスナー付きの保存袋に塩36gを入れ、白こしょう1.2g、ナツメグパウダーひとふりを加えてファスナーを閉じて袋を振り、混ぜ合わせる。

作り方

1 パルメザンチーズはすりおろし、チェダーチーズはみじん切りにする。ボウルに合わせて混ぜ、バターを加えてゴムべらでムラなく混ぜる。

2 **1**にアーモンドパウダーを加えて混ぜる。全卵と卵黄を合わせて溶き、生地に半量加えて混ぜる。なじんだら残りも入れて混ぜる。

Point バターに溶き卵を一気に入れると分離することがあるので、半量ずつ加えてよく混ぜる。

3 **2**にAを3回くらいに分けて加え（そのつど混ぜる）、粉っぽさがなくなるまでカードで切り混ぜる。

4 生地をまとめてラップに包み、めん棒で四角く平らにして約2時間冷蔵庫で休ませる。

5 **4**を5mm厚さ程度にのばす。まな板の上にオーブンシートを敷き、5cm幅の長方形のシート状に切る。さらに1.3cm幅の短冊状に切る。

Point 生地に定規をあて、印をつけてから切ると上手に切れる。

6 **5**をオーブンシートごと天パンにのせる。
セイボリーベーコンには、生地にすりおろしたパルメザンチーズか粉チーズ（各適量）をふり、角切りにしたベーコン（適量）をのせる。155℃のオーブンで35分焼く。

Chapter 2

フルーツを使った定番クッキー

英国にはフレッシュな果物やドライフルーツを多く使う
定番クッキーがたくさんあります。
フルーツならではの酸味や食感のアクセントを味わって。

オートミール・ベリー
作り方▶P34

アイリッシュ・ティータイム
作り方▶P35

マディラ・ド・レモン
作り方▶P33

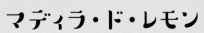

マディラ・ド・レモン

Madeira de Lemon

難易度｜★

甘さ控えめのクッキー生地に、レモンのしぼり汁やおろした皮を加えたさわやかな味。ホロホロと口の中でくずれるやわらかなクッキー。レモンは国産のものを使いましょう。

材料　直径5cm型 25〜30枚分

無塩バター　100g
A｜粉糖　35g
　｜塩　1g
レモンの皮のすりおろし
　6g（1個分）
レモン果汁　16g（約1/3個分）
卵黄　7g
B｜薄力粉　175g
　｜コーンスターチ　33g
つや出し用卵黄　適量

下準備

- バターはやわらかくする
- Bを合わせてふるう
- レモンの皮の表面だけをすりおろす
- レモン果汁をしぼる
- オーブンを160℃に温めておく

作り方

1 Aを混ぜ、レモンの皮のすりおろしに半量加えて混ぜ、ゴムべらでペースト状にする。なじんだら残りのAを加えて混ぜる。

2 バターに**1**を加えてムラなく混ぜる。卵黄も合わせてなじむまで混ぜる。

3 **2**にレモン果汁を加え、乳化（油分と水分が混ざったマヨネーズ状になる）するまで混ぜる。

4 **3**にBを3回くらいに分けて加え（そのつど混ぜる）、粉っぽさがなくなるまで切り混ぜる。

Point 粉っぽさがなくなってきたら、ボウルの側面に生地をカードで貼りつけるようにしてからまとめると、生地がなめらかになる。

5 生地をまとめてラップに包み、めん棒で四角く平らにして冷蔵庫で約2時間休ませる。

6 **5**を1cm厚さ程度にのばし、抜き型で抜く。オーブンシートを敷いた天パンにのせて、溶いたつや出し用卵黄をはけで薄く塗り、150℃のオーブンで30分焼く。

Point 冷蔵庫で冷やしてかたくなった生地をのばす時は、めん棒で全体を押してからのばすとよい。

オートミール・ベリー

Oatmeal Berry

難易度｜★

オートミールやクランベリー、レーズンを生地にたっぷり入れて、
食べごたえのあるおいしさに。カソナードを使っているから奥行ある味に。

材料　直径5cm型 40〜50枚分

無塩バター　150g
A｜カソナード　83g
　｜塩　2.5g
全卵　55g
スキムミルク　7.5g
はちみつ　20g
B｜薄力粉　90g
　｜強力粉　23g
C｜オートミール　83g
　｜クランベリー　60g
　｜レーズン　15g

下準備

- バターはやわらかくする
- Bを合わせてふるう
- レーズンはざく切りにする
- オーブンを180℃に温めておく

作り方

1 Aを混ぜ、バターに加えてムラなく混ぜる。溶いた全卵も合わせてなじむまで混ぜる。

2 **1**にスキムミルクを加え、ダマにならないようにして混ぜる。混ざったら、はちみつを加えて混ぜる。

3 **2**にBを3回くらいに分けて加え（そのつど混ぜる）、粉っぽさがなくなるまでゴムべらで切り混ぜ、Cも加えて混ぜる。

4 生地をまとめてラップに包み、めん棒で四角く平らにして冷蔵庫で約2時間休ませる。

5 **4**を3㎜厚さ程度にのばし、抜き型で抜く。オーブンシートを敷いた天パンにのせて、170℃のオーブンで20分焼く。

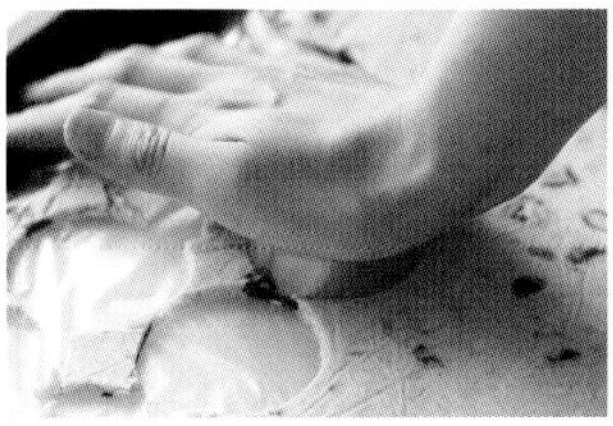

アイリッシュ・ティータイム

Irish Tea Time

難易度｜★★★

スコットランドのアイラモルトウイスキーにつけたレーズンに加え、
紅茶の茶葉やシナモンも加えた複雑な味わい。ざらめの食感がアクセント。

材 料　直径5cm 30〜40枚分

◆ クッキー生地
無塩バター　135g
A｜粉糖　80g
　｜塩　1.5g
卵黄　28g
B｜薄力粉　185g
　｜ココアパウダー　15g
　｜シナモンパウダー　2g
　｜ベーキングパウダー　2g
紅茶の茶葉
（ティーバッグの茶葉でよい）　1g

◆ アイラモルトレーズン
アイラモルトウイスキー
（好みのウイスキーでもよい）　15g
レーズン　15g

◆ 仕上げ用
はちみつ、ざらめ　各適量

下準備

- バターはやわらかくする
- Bを合わせてふるう
- 紅茶の茶葉を細かくきざむ（ポリ袋に入れてめん棒で押しつぶしてもよい。細かい茶葉が好みなら包丁できざむ）
- アイラモルトレーズンを作る
- オーブンを180℃に温めておく

アイラモルトレーズンの作り方

レーズンにウイスキーをかけて10分ほど置き、レーズンにウイスキーの香りを移す。

作り方

1 Aを混ぜ、バターに加えてムラなく混ぜる。溶いた卵黄も入れ、なじむまで混ぜる。

2 **1**にBと紅茶の茶葉を3回くらいに分けて加え（そのつど混ぜる）、アイラモルトレーズンも加えて粉っぽさがなくなるまでゴムべらで切り混ぜる。

3 生地をひとまとめにし、半分に分けてそれぞれを棒状にする（P14の作り方**7**・**8**を参照）。オーブンシートを巻いて冷蔵庫で約2時間休ませる。

4 **3**を4mm厚さに切り、オーブンシートを敷いた天パンに間隔をあけてのせ、170℃のオーブンで25分焼く。

5 焼けたら、クッキーの表面に40℃くらいにあたためたはちみつをはけで薄く塗り、ざらめを散らす。火を切ったオーブンに2分ほど入れて乾かす。

ドリズル・レモン

Drizzle Lemon

難易度｜★★★★★

アイシングレモンの甘酸っぱさがインパクト大。クッキーにも皮や果汁を加えて、レモンを丸ごと使うのがおいしさのポイントです。レモンは国産のものを使いましょう。

材料　直径5cm型 25〜30枚分

◆ クッキー生地

無塩バター　100g

A｜粉糖　35g
　｜塩　1g

レモンの皮のすりおろし　6g（約1個分）

レモン果汁　16g（約1/3個分）

卵黄　7g

B｜薄力粉　175g
　｜コーンスターチ　33g

◆ レモンの皮のシロップ煮

レモンの皮　1個分

グラニュー糖　120g

水　100g

◆ レモンアイシング

レモン果汁　28g

粉糖　105g

エルダーフラワーシロップ（あれば）　1g

※入れるとより本格的で華やかな香りになる

下準備

- バターはやわらかくする
- Bを合わせてふるう
- レモンの皮の表面だけをすりおろす
- レモン果汁をしぼる
- シロップ煮のレモンの皮をせん切りにする
- オーブンを170℃に温めておく

作り方

1 Aを混ぜ、レモンの皮のすりおろしに半量加えて混ぜ、ゴムべらでペースト状にする。なじんだら残りのAを加えて混ぜる。

2 バターに1を加えてムラなく混ぜる。卵黄も合わせてなじむまで混ぜる。

3 2にレモン果汁を加え、乳化する（マヨネーズ状になる）まで混ぜる。

4 Bを3回くらいに分けて（そのつど混ぜる）、粉けがなくなるまでゴムべらで切り混ぜる。

5 生地をまとめてラップに包み、めん棒で四角く平らにして冷蔵庫で約2時間休ませる。

6 生地を冷やしている間にレモンの皮のシロップ煮を作る（P38参照）。

7 5をラップのまま4mm厚さ程度にのばし、抜き型で抜く。オーブンシートを敷いた天パンにのせて、160℃のオーブンで25分焼く。

8 焼いている間にレモンアイシングを作る（P38参照）。

9 クッキーが焼きあがったらグリル網に移す。下にオーブンシートを敷き、クッキーがあたたかいうちにレモンアイシングをかけ、すぐに汁けをきったレモンの皮のシロップ煮（適量）をのせて仕上げる。

Point レモンの皮のシロップ煮は汁けをきってのせないとアイシングが溶けてしまう。

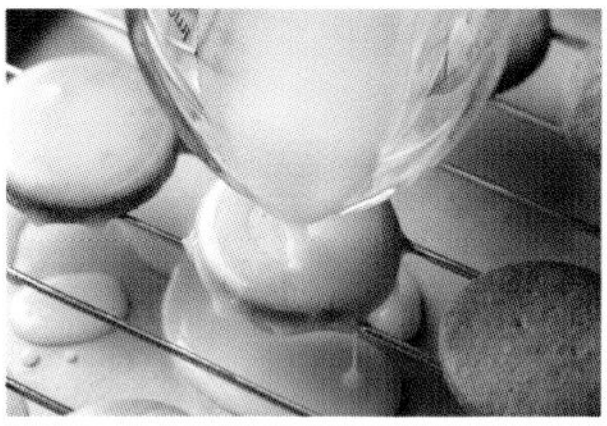

次ページにつづく▶

ドリズル・レモン

レモンアイシングの作り方

1 粉糖にレモン果汁とエルダーフラワーのシロップを加えて混ぜ、ゴムべらでペースト状にする。

2 **1**を耐熱ボウルに入れて電子レンジで10秒～20秒加熱。人肌程度にあたため、ゆるめの状態にしておく。

レモンの皮のシロップ煮作り方

1 レモンの皮をピーラーで帯状にむき、せん切りにする。

2 小鍋に**1**と皮がひたる程度の水を加えて火にかけ、沸騰したらざるにあげる。同様に3回繰り返してえぐみを取る。

3 小鍋に水とグラニュー糖を入れ、煮立ったら水けをきった**2**を加える。沸騰したら火を止めて冷まして蜜をなじませる。

4 再度火にかけて煮立たせ、火を止めて蜜が冷めるまで漬けておく。

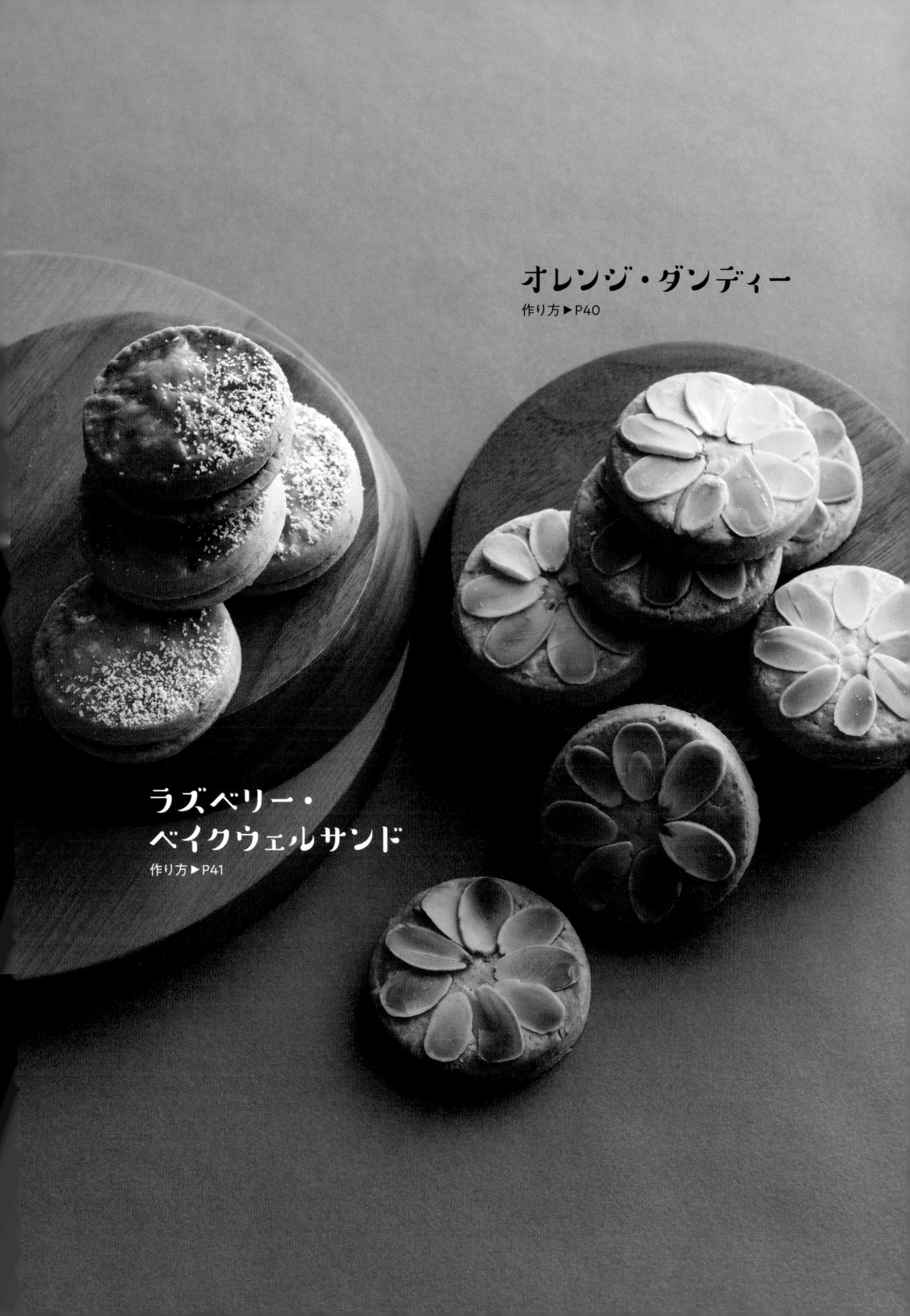

オレンジ・ダンディー

作り方▶P40

ラズベリー・ベイクウェルサンド

作り方▶P41

オレンジ・ダンディー

難易度｜★★

Orange Dandy

スコットランドの港町・ダンディーで生まれた伝統的なケーキをクッキーにアレンジ。オレンジの風味がさわやかに香ります。

材 料　直径5cm型 25～30枚分

バター　100g
粉糖　35g
オレンジの皮のすりおろし
　6g（約$\frac{1}{2}$個分）
オレンジ果汁　16g（約$\frac{1}{4}$個分）
塩　1g
卵黄　7g
A｜薄力粉　175g
　｜コーンスターチ　33g
卵白、アーモンドスライス　各適量

下準備

- バターはやわらかくする
- Aを合わせてふるう
- オレンジの皮の表面だけをすりおろす

- オレンジ果汁を絞る

- オーブンを160℃に温めておく

作り方

1　すったオレンジの皮に半量の粉糖を加えて混ぜ、ゴムべらでペースト状にする。なじんだら残りの粉糖を加えて混ぜる。

2　バターに**1**と塩を加え、カードでムラなく混ぜる。

3　**2**に卵黄を合わせてなじむまで混ぜる。

4　**3**にオレンジ果汁を加え、乳化する（マヨネーズ状になる）まで混ぜる。

5　Aを3回に分けて加え（そのつど混ぜる）、粉っぽさがなくなるまでゴムべらで切り混ぜる。

6　生地をひとまとめにしてラップに包み、めん棒で四角く平らにして冷蔵庫で約2時間休ませる。

7　**6**を取り出して5mm厚さ程度にのばし、再びラップに包んで冷蔵庫で約30分休ませる。
Point　冷蔵庫で冷やしてかたくなった生地をのばす時は、めん棒で全体を押してからのばすとよい。

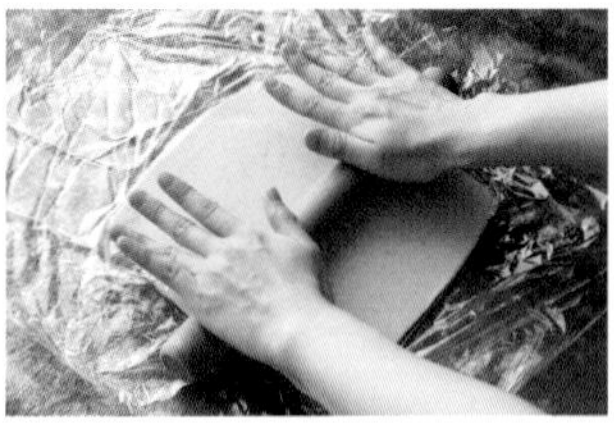

8　**7**を抜き型で抜き、オーブンシートを敷いた天パンにのせる。つや出し用の溶き卵白をはけで薄く塗り、アーモンドを飾って155℃のオーブンで35分焼く。

難易度｜★★★★

ラズベリー・ベイクウェルサンド

Raspberry Bakewell Sand

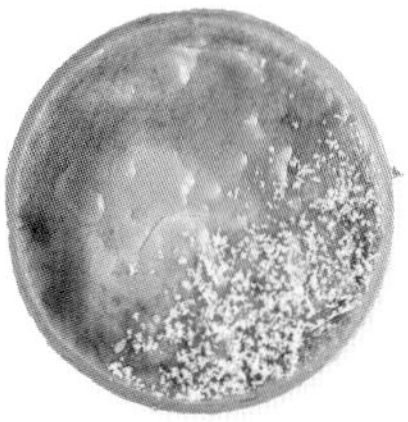

イングランドの街・ベイクウエル発祥のお菓子。
ラズベリーのジャム（ラズベリーペパン）をサンドした甘酸っぱさが魅力です。

材料　直径5cm型 25～30枚分

◆ クッキー生地
バター　100g
粉糖　35g
オレンジの皮のすりおろし
6g（約1/2個分）
オレンジ果汁　16g（約1/4個分）
塩　1g
卵黄　7g
A｜薄力粉　175g
｜コーンスターチ　33g
つや出し用卵黄　適量

◆ ラズベリーペパン
ラズベリー（冷凍でもOK）　50g
グラニュー糖　30g
レモン果汁　2g

◆ 仕上げ用
粉糖　適量

下準備

- バターはやわらかくする
- Aを合わせてふるう
- オレンジの皮の表面だけをすりおろす
- オレンジ果汁をしぼる
- オーブンを165℃に温めておく

作り方

1 すったオレンジの皮に粉糖の半量を加えて混ぜ、ゴムべらでペースト状にする。なじんだら残りの粉糖を加えて混ぜる。

2 バターに**1**と塩を加え、カードでムラなく混ぜる。

3 卵黄を合わせてなじむまで混ぜる。

4 オレンジ果汁を加え、乳化する（マヨネーズ状になる）まで混ぜる。

5 **4**にAを3回に分けて加え（そのつど混ぜる）、粉っぽさがなくなるまでゴムベラで切り混ぜる。

6 生地をひとまとめにしてラップに包み、めん棒で四角く平らにして冷蔵庫で約2時間休ませる。

7 **6**を取り出し、ラップをしたまま3mm厚さ程度にのばし、再び冷蔵庫で30分ほど冷やす。

8 **7**を抜き型で抜き、オーブンシートを敷いた天パンにのせる。つや出し用の溶き卵黄を刷毛で薄く塗り、155℃のオーブンで25分焼く。

9 ラズベリーペパンを作る（下記参照）。粗熱を取った**8**に塗ってサンドし、粉糖をふる。

ラズベリーペパンの作り方

1 ラズベリーにグラニュー糖をまぶし、鍋に入れて中火にかける。

2 水分が出てきて煮立ったら、ラズベリーをつぶしながら混ぜる。

3 つやが出てとろみがつくまで煮て仕上げにレモン果汁を加える。

ヴィクトリア・ラズベリー

難易度｜★★★★

Victoria Raspberry

イメージはヴィクトリア女王がこよなく愛したと言われるヴィクトリアケーキ。シンプルなクッキーにラズベリージャムをたっぷりと。

材料　直径5cm 約25枚分

◆ クッキー生地

無塩バター　106g

A｜上白糖　106g
　｜塩　1g

全卵　34g

B｜薄力粉　170g
　｜ベーキングパウダー　1.5g

◆ ラズベリーペパン

（材料と作り方はP41参照）

下準備

- バターはやわらかくする
- Bを合わせてふるう
- オーブンを180℃に温めておく

作り方

1 バターにAを加えてムラなく混ぜ、溶いた全卵も加えてなじむまで混ぜる。

2 1にBを3回くらいに分けて入れ（そのつど混ぜる）、粉っぽさがなくなるまでゴムべらで切り混ぜる。

3 生地をまとめてラップに包み、めん棒で四角く平らにして冷蔵庫で約2時間休ませる。

4 3を8mm厚さ程度にのばし、抜き型で抜く。オーブンシートを敷いた天パンに並べ、170℃のオーブンで20分焼く。

5 クッキーを焼いている間にラズベリーペパンを作り、焼けたクッキーの表面にスプーンで薄く塗る。

フィグフィグ・サンド

Fig-Fig Sand

難易度｜★★

ラム酒と合わせたドライいちじくをペーストにして、アーモンドパウダー入りの香ばしい生地でサンド。ラム酒が香る大人味のクッキー。

材料　直径5cm型 約40枚分

◆ クッキー生地

無塩バター　200g

A｜グラニュー糖　60g
　｜粉糖　60g
　｜塩　3g

卵黄　41g

アーモンドパウダー　33g

B｜薄力粉　120g
　｜ベーキングパウダー　1.3g

つや出し用卵黄　適量

◆ ラムいちじく

ラム酒　40g

ドライ黒いちじく
（やわらかいものがよい）100g

下準備

- バターはやわらかくする
- Bを合わせてふるう
- オーブンを180℃に温めておく

作り方

1 バターにAを加えてムラなく混ぜる。卵黄も加えてなじむまで混ぜたら、アーモンドパウダーを加えて混ぜる。

2 1にBを3回くらいに分けて加え（そのつど混ぜる）、粉っぽさがなくなるまでゴムべらで切り混ぜる。

3 生地をまとめてラップに包み、めん棒で四角く平らにして冷蔵庫に一晩入れておく。

4 ラムいちじくを作る（下記参照）。

5 3をラップのままめん棒で3mm厚さ程度にのばし、抜き型で抜く。オーブンシートを敷いた天パンにのせ、表面につや出し用の溶き卵黄をはけで薄く塗る。

Point 伸ばしている間に生地がやわらかくなったら、冷蔵庫へ入れてしめると作業しやすい。また抜き型の内側に薄力粉をつけると抜きやすくなる。

6 5の卵黄が乾いたらフォークの先で模様をつけ、170℃のオーブンで20分焼く。

Point 力を入れず、フォークで軽く表面をなでる程度でよい。

7 焼きあがったら、ラムいちじくを薄く塗ってもう1枚でサンドする。

ラムいちじくの作り方

1 ドライいちじくにラム酒をかけ、いちじくにラム酒の香りを移す。

2 ラム酒ごとフードプロセッサーに入れてペースト状にする。

アップル・クランブル・ビスケッツ

難易度｜★★★★

Apple Crumbled Biscuits

シンプルなクッキー生地にりんごのコンポートとクランブルをのせて焼きました。時間が経つとりんごから水分が出てしまうので、できたてをどうぞ。

材料　直径5cm型 30〜35枚分

◆ クッキー生地
無塩バター　130g
A｜粉糖　90g
　｜塩　0.5g
全卵　25g
薄力粉　200g

◆ クランブル生地　100g分
無塩バター　25g
粉糖　25g
アーモンドパウダー　25g
薄力粉　25g

◆ りんごのコンポート
りんご（あれば紅玉かプラムリー）
　約80g（1/2個分）
グラニュー糖　30g
レモン果汁　2g

◆ 仕上げ用
粉糖　適量

下準備

- バターはやわらかくする
- クッキー生地とクランブルの薄力粉をふるう
- クランブルを作る（P48参照）
- りんごのコンポートを作る（P48参照）
- オーブンを180℃に温めておく

作り方

1 バターにAを加えてムラなく混ぜ、溶いた全卵も加えてなじむまで混ぜる。

2 1に薄力粉を3回くらいに分けて加え（そのつど混ぜる）、粉っぽさがなくなるまでゴムべらで切り混ぜる。

3 生地をまとめてラップに包み、めん棒で四角く平らにして冷蔵庫で約2時間休ませる。

4 3を5mm厚さ程度にのばし、抜き型で抜く。オーブンシートを敷いた天パンに並べ、7〜8mm角に切ったりんごのコンポート、クランブルの順にのせる。

5 170℃のオーブンで約20分焼き、好みで粉糖をふる。

次ページにつづく▶

アップル・クランブル・ビスケッツ

クランブル生地の作り方

1 大きめのボウルに材料をすべて入れ、カードでザクザク切り混ぜる。

2 バターと粉類がなじんでホロホロした状態になったら、指先で押しかためてゴロゴロとした粒状にする。

3 クッキングシートを敷いたバットに広げ、冷蔵庫で1時間ほど冷やす。

りんごのコンポートの作り方

1 りんごは8等分のくし形に切って皮をむく。くし形に切ったものを3等分ほどに切って2cm角程度の大きさにする。

2 **1**を鍋に入れ、グラニュー糖を全体にまぶしてから弱火にかける。ときどき混ぜながらゆっくり加熱する。

3 りんごから水分が出て半透明になり、やわらかくなったら（竹串を刺してスッと通る程度）、レモン果汁を加えて火を止める。

column 3

クッキー作りのコツ❷
成形&焼き上げ

生地を休ませる意味

仕上がったクッキー生地は焼く前にいったん冷蔵庫で休ませて。こうすると、粉とほかの材料とのなじみがよくなるうえ、グルテンが切れるため、焼いたときに形がゆがんだり、縮んだりすることを防ぐことができます。後でのばしやすいよう、四角く整えてから冷蔵庫へ。

冷蔵によってかたくなった時は……

クッキー生地はバターが入っているため、冷蔵庫で休ませるとかたくなります。生地をのばすときは、いきなりめん棒を転がすのではなく、グイッグイッと生地にめん棒を押し当てるとのばしやすくなります。めん棒を横にしてのばしたら、次は縦にして、交互に徐々に広げて。

生地をのばす時はラップしたままで

クッキー生地をレシピの指定の厚みにのばすときは、ラップをしたままめん棒で押しのばすほうがうまく仕上がります。
一気にのばすのではなく、めん棒に均等に力をかけながら、少しずつ押しのばすように。この場合も生地の縦横にめん棒を押し当て広げます。

2番生地、3番生地は押しのばす

型抜きをした後に残った生地を2番生地と言います。
まとめて押しのばし、再度型抜きをして使いますが、まとめるときは生地を重ねて押しのばす程度に。こねくり回すと焼きあがりがかたくなるので禁物です。2番生地で残った3番生地を使うときも同様です。

天板には間隔をあけて並べる

焼いている間に生地が広がってクッキー同士がくっついてしまうことがあるので、天パンに並べるときは2〜3㎝四方の間隔をあけて並べましょう。

オーブンの温度について

扉を開けると温度が下がるので、焼く温度よりプラス10℃で温めておきましょう。オーブンのクセによってはレシピ通りにしてもうまく焼けないことも。チェック方法として一度クッキー生地を天パン全体に並べて焼いてみて。どこが強く焼けるかなどチェックすることができます。

ギネス・チョコマロン

難易度｜★★★★

Guinness Chocolate Marron

イギリスのギネスビールをマロングラッセと合わせてクッキー生地に入れて焼き、ホイップチョコクリームをトッピング。甘さ控えめなビターな味。

材料　直径5cm型 20～25枚分

◆ クッキー生地
無塩バター　60g
A｜粉糖　36g
｜塩　1g
卵黄　12g
アーモンドパウダー　10g
チョコチップ　20g
B｜薄力粉　100g
｜ココアパウダー　9g
｜ベーキングパウダー　4g
◆ 黒ビールマロン
マロングラッセ　20g
黒ビール　20g
◆ ホイップチョコクリーム
チョコレート　50g
グレープシードオイル
（太白ごま油でもよい）　8g

下準備

- バターはやわらかくする
- Bを合わせてふるう
- 黒ビールマロンを作る
- オーブンを160℃に温めておく

作り方

1 バターにAを加えてムラなく混ぜ、溶いた卵黄も加えてなじむまで混ぜる。

2 **1**にアーモンドパウダー、チョコチップ、黒ビールマロンを加えて混ぜる。

3 ムラなく混ざったら、Bも加えて粉っぽさがなくなるまでゴムべらで切り混ぜる。

4 生地をまとめてラップに包み、めん棒で四角く平らにして冷蔵庫で約2時間休ませる。

5 生地を5mm厚さ程度にのばし、抜き型で抜く。オーブンシートを敷いた天パンに並べ、150℃のオーブンで約25分焼く。

6 焼いている間にホイップチョコクリームを作る。焼きあがったクッキーが冷めてから、スプーンで塗る。

黒ビールマロンの作り方

マロングラッセを黒ビールに10分ほど漬けておく。

ホイップチョコクリームの作り方

1 小さめの耐熱ボウルにチョコレートとグレープシードオイルを合わせ、電子レンジで10秒加熱する。一旦取り出して軽く混ぜてさらに15秒加熱。溶け具合を見ながらこれを繰り返す。

2 完全に溶けたら、チョコが27℃になるように温度を調整して、チョコが少し白っぽくなるまでホイッパーで泡立てる。

Chapter 3

やわらか生地のふんわりクッキー

生地がやわらかく、絞り袋で絞って成形するクッキーです。
サクッとした焼き立てから、時間とともにしっとり
やわらかになっていく食感の変化も楽しみのひとつ。

1900
100
1800
200
1700
300
1600
400
1500g
500g
1400
600
1300
700
1200
800
1100
1kg
1000g
900

バター・
クランペット

作り方▶P55

ミセス・
シャーロット

作り方▶P56

バター・クランペット

Butter Crumpet

難易度｜★

クランペットとは、イギリスのパンケーキのようなお菓子。
米粉を加えて歯切れよく仕上げました。豊かなバターの風味が後を引きます。

材料　直径5cm 約90枚分

無塩バター　126g
A｜グラニュー糖　126g
　｜塩　2g
全卵　105g
B｜薄力粉　155g
　｜米粉　63g
　｜ベーキングパウダー　4g
牛乳　126g
サワークリーム　50g

下準備

- バターはやわらかくする
- Bを合わせてふるう
- 卵は常温にして溶く
- サワークリームも常温にする
- オーブンを180℃に温めておく

作り方

1 バターをホイッパーで混ぜ、Aを加える。空気を含んで白っぽくなるまで、さらにホイッパーで混ぜる。

2 **1**に全卵を半量加えて混ぜ、なじんだら残りを加えて混ぜる。Bも加えてホイッパーでゆっくり混ぜ合わせる。

Point 卵が冷えているとうまく混ざらないので、常温に戻す。また一気に加えると分離するので半量ずつ入れる。

3 サワークリームをホイッパーで混ぜ、牛乳を少しずつ加えて混ぜる。

4 **3**を**2**に3回くらいに分けて加え、そのつどゴムべらで混ぜ合わせる。

5 絞り袋に7mmの口金をセットし、生地を流し入れる。オーブンシートを敷いた天パンに、3〜4cmの間隔をあけて（焼いている間に広がるので）、直径4cm程のドーム状に絞る。170℃のオーブンで約20分焼く。

Point 絞り袋に口金をセット後、口を軽くねじってから生地を入れると漏れない（a）。また絞り袋はカップなどにかぶせると注ぎやすい（b）。

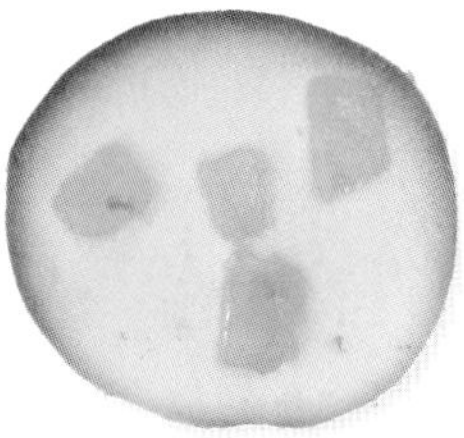

ミセス・シャーロット

Mrs. Charlotte

難易度｜★★

バター・クランペットの生地をベースにし、ドライアップルをトッピングして焼きあげました。ほかのドライフルーツでもOK。

材料　直径5cm 約100枚分

- 無塩バター　126g
- 粉糖　126g
- 全卵　105g
- A
  - 薄力粉　160g
  - 米粉　52g
  - コーンスターチ　20g
  - ベーキングパウダー　4g
  - 塩　2g
- 牛乳　126g
- サワークリーム　50g
- ドライアップル　60g
- 薄力粉　適量

下準備

- バターはやわらかくする
- Aを合わせてふるう
- 卵は常温にして溶く
- サワークリームも常温にする
- オーブンを180℃に温めておく

作り方

1. バターをホイッパーで混ぜ、粉糖を加える。空気を含んで白っぽくなるまで、さらにホイッパーで混ぜる。
2. **1**に全卵を半量加えて混ぜ、なじんだら残りを加えて混ぜる。Aも加えてホイッパーでゆっくり混ぜ合わせる。
3. サワークリームをホイッパーで混ぜ、牛乳を少しずつ加えて混ぜる。
4. **3**を**2**に3回くらいに分けて加え、そのつどゴムべらで混ぜ合わせる。
5. ドライアップルを7〜8㎜角に切り、薄力粉をまぶす。
6. 絞り袋に7㎜の口金をセットし、生地を流し入れる。オーブンシートを敷いた天パンに、3〜4㎝の間隔をあけて直径4㎝程のドーム状に絞り、ドライアップルをのせる。170℃のオーブンで約20分焼く。

column 4

クッキーをおいしく食べるために……

なんてったって おいしいのは焼きたて

ホームメイドクッキーの魅力は、なんといっても焼きたてのおいしさが楽しめること。バターの甘い香りや、焼きたてならではの食感は、市販のクッキーでは味わえません。クッキーによっては、焼きたてのサクサクとした食感から、時間の経過とともにしっとりとした食感に変化するものもあります。そんな食感の違いを楽しめるのもホームメイドならではでしょう。
また例えば、クリーミーキャロット（P26）やヴィクトリアラズベリー（P42）、ギネスチョコクリーム（P60）のように焼いたクッキーにジャムやクリームを合わせた生ケーキのようなクッキーも紹介しているので、ぜひできたてを楽しんで。

おいしさの期限と 保存方法

おいしさを味わうためには、なるべく早く食べきることがおすすめです。ホームメイドクッキーの保存期間の目安としては、常温保存で3日〜1週間程度です。特にジャムやクリームをはさんだものは水分が多くかびやすいので、2日以内に食べきりましょう。
保存方法はファスナー付きの保存袋などに、あれば乾燥剤とともに入れ、なるべく空気を抜いて密閉し、高温多湿、直射日光を避けて、涼しい場所で保存します。真夏はバターなどの油脂が酸化して傷みやすいので冷蔵保存がおすすめです。
またクッキー生地は1カ月程度なら密閉できる保存袋に入れて冷凍保存が可能です。

ベリー&ベリー・ティー

難易度｜★★

Berry&Berry Tea

ロイヤルミルクティーを加えた紅茶のクッキー。サワークリームもプラスしてより濃厚な味わいに。フルーツのジャムをはさんでも。

材料　直径5cm 約100枚分

◆ クッキー生地
無塩バター　126g
粉糖　126g
全卵　105g
A｜薄力粉　160g
　｜塩　2g
　｜米粉　52g
　｜コーンスターチ　20g
　｜ベーキングパウダー　4g
サワークリーム　50g
ドライクランベリー　60g
薄力粉　適量
◆ ロイヤルミルクティー
牛乳　200g
セイロンリーフ　6g

下準備

- バターはやわらかくする
- サワークリームは常温にする
- Aを合わせてふるう
- ロイヤルミルクティーを作る
- オーブンを180℃に温めておく

ロイヤルミルクティーの作り方

小鍋に牛乳を入れて中火にかけ、ふつふつ沸いてきたら紅茶の茶葉を入れる。そのままふたをして2〜3分蒸らし、茶葉をこして冷ましておく。

作り方

1 バターをゴムべらで練り混ぜ、粉糖を加えて混ぜる。混ざったら白っぽくなるまで、さらにホイッパーで混ぜる。

2 1に溶いた全卵を2〜3回に分けて加え（そのつど混ぜる）、Aも加えてホイッパーで混ぜる。

3 サワークリームとロイヤルミルクティーを合わせて混ぜる。

Point サワークリームにまずミルクティーを少量混ぜてなじませ、それを残りのミルクティーに戻し入れてホイッパーで混ぜると、ダマになりにくい。

4 2に3の⅓量を混ぜ、なじんだら残りを入れて混ぜる。

5 クランベリーを7〜8mm角に切り、薄力粉をまぶし、全体になじませる。

6 絞り袋に7mmの口金をセットし、生地を流し入れる。オーブンシートを敷いた天パンに、3〜4cmの間隔をあけて直径2〜3cm程に絞る。

7 絞った生地にクランベリーをのせる。170℃のオーブンで約20分焼く。

ギネス・チョコクリーム

Guinness Chocolate Cream

難易度 | ★★★★

ギネスビールと相性のいいココアを合わせた生地を小さく絞り、クリームチーズアイシングをサンド。できたてがおいしい!

材料 直径3cm 40〜50枚分

◆ **クッキー生地**

A | 無塩バター 60g
 | ギネスビール 60g
 | 塩 1.5g

グラニュー糖 95g
ココアパウダー 20g
全卵 26g
サワークリーム 35g
バニラオイル 1g

B | 薄力粉 75g
 | 強力粉 75g
 | 重曹 2g

◆ **クリームチーズアイシング** 約350g
(材料と作り方はP27参照)

下準備

- バターはやわらかくする
- クリームチーズは常温に戻す
- Bを合わせてふるう
- オーブンを180℃に温めておく

作り方

1 小鍋にAを入れて弱火にかけ、バターが溶けてきたらゴムべらで混ぜる。

2 1をボウルに入れ、グラニュー糖とココアパウダーを加え、ホイッパーでダマがなくなるよう混ぜ、溶いた全卵を2〜3回に分けて加えて混ぜ合わせる。

3 2にサワークリームとバニラオイルを加えて混ぜ、Bも加えてゴムべらでなめらかになるまで混ぜる。冷蔵庫に入れて2時間おく。

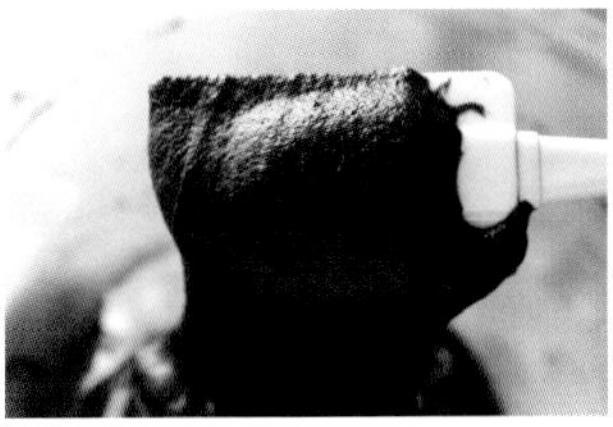

4 絞り袋に7mmの口金をセットし、生地を流し入れる。オーブンシートを敷いた天パンに、3〜4cmの間隔をあけて直径1〜2cm程に絞り、170℃のオーブンで約20分焼く。

5 クリームチーズアイシングを作り、星口金をセットした絞り袋に入れる。

6 クッキーが焼けたら冷まし、アイシングを絞ってもう一枚を添える。

Chapter
4

スコーン・パイ生地クッキー

英国を代表するスコーン生地をベースにしたものや、
パイ生地をクッキーにアレンジしたお菓子たち。
ザクザクとした食べ心地が後を引きます。

ハニースコッツ
作り方▶P65

ハニースコッツ
抹茶
作り方▶P66

ハニースコッツ
チョコクリーム
作り方▶P65

ハニースコッツ
Honey Scots

ハニースコッツチョコクリーム
Honey Scots Choco Cream

難易度｜★★

クッキー同盟のアイコン的なクッキー。はちみつとバターミルクを練り込んだ、スコーンのような素朴でやさしい味わいです。

材料　5cm×5cm 約30枚分

◆ クッキー生地
無塩バター　56g
A｜薄力粉　150g
　｜重曹　0.7g
　　ベーキングパウダー　0.6g
B｜バターミルク
　｜（スキムミルクでもよい）　4.7g
　｜水　42.3g
はちみつ　56g
塩　0.7g
オーガニックシュガー　適量
◆ チョコレートクリーム
チョコレート　100g
太白ごま油　20g

下準備

- バターは1cm角程度に切って冷蔵庫で冷やす
- Aはふるって冷蔵庫で冷やす
- Bのバターミルクを水で溶いておく
- Bとはちみつ、塩はホイッパーで混ぜて冷蔵庫で冷やす
- オーブンを180℃に温めておく

作り方

1 Aにバターを入れ、指先でバターをつぶしながら粉と合わせる。

2 粉がなじんだら両手でこすり合わせてぽろぽろの砂状にする。
Point 手の温度でバターが溶けるので、すばやく行う。

3 2の中央を凹ませ、冷たい状態のBを流し入れ、カードで切り混ぜる。

4 生地がまとまったらラップに包んで、めん棒で四角く平らにして一晩冷蔵庫へ入れておく。

5 生地を厚さ5mm程度にめん棒で押し伸ばし、5cm四方の型で抜き、表面にオーガニックシュガーを付け、オーブンシートを敷いた天パンに並べて170℃で約20分焼く。

6 ハニースコッツチョコクリームは、焼きあがってからチョコレートクリームをコーティングする。

チョコレートクリームの作り方

1 小さめの耐熱ボウルにチョコレートを入れ、電子レンジで1分加熱する。軽く混ぜて再び1分加熱して溶かす。

2 チョコレートにごま油を加えて混ぜ、焼きあがって冷ましたクッキーにつけ、オーブンシートを敷いた天パンで乾かす。

ハニースコッツ抹茶

難易度｜★★

Honey Scots Macha

ハニースコッツの生地に抹茶をプラス。抹茶の豊かな香りと
後味に感じるほろ苦さが、素朴なハニースコッツの味わいによく合います。

材料　5cm×5cm 約30枚分

無塩バター　56g
A｜薄力粉　150g
｜重曹　0.7g
｜ベーキングパウダー　0.6g
｜抹茶　15g
B｜バターミルク
｜（スキムミルクでもよい）　4.7g
｜水　42.3g
はちみつ　56g
塩　0.7g
オーガニックシュガー　適量

下準備

- バターは1cm角程度に切って冷蔵庫で冷やす
- Aはふるって冷蔵庫で冷やす
- Bのバターミルクを水で溶いておく
- Bとはちみつ、塩はホイッパーで混ぜて冷蔵庫で冷やす
- オーブンを180℃に温めておく

作り方

1 Aにバターを入れ、指先でバターをつぶしながら粉と合わせる。

2 粉がなじんだら両手でこすり合わせてぽろぽろの砂状にする。

3 2の中央を凹ませ、冷たい状態のBを流し入れ、カードで切り混ぜる。

4 生地がまとまったらラップに包んで、めん棒で四角く平らにして一晩冷蔵庫へ入れておく。

5 生地を厚さ5mm程度にめん棒で押し伸ばし、5cm四方の型で抜き、表面にオーガニックシュガーを付け、オーブンシートを敷いた天パンに並べて170℃で約20分焼く。

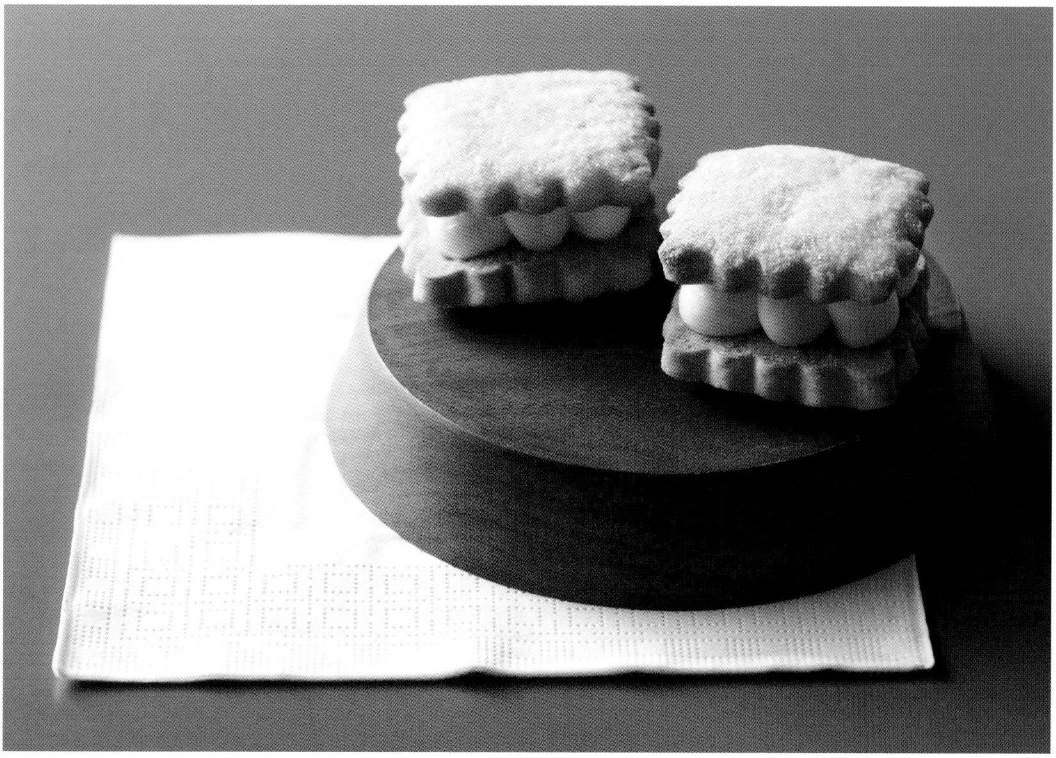

ハニースコッツサンド

Honey Scots Sand

難易度 | ★★

シンプルで素朴なハニースコッツにクロテッド風のクリームをサンド。
ミルキーで濃厚なクリームは、多めに作って保存しても。

材料、下準備、作り方ともにハニースコッツと同様。
焼きあがったらクロテッド風クリームをサンドする。

材料　作りやすい分量分

◆ **クロテッド風クリーム**
無塩バター　75g
生クリーム　150g

下準備

バターと生クリームは冷蔵庫から出して常温に戻し、温度を合わせておく。
ふたつの温度を合わせることで、混ぜたときに分離しにくくなる。

クロテッド風クリームの作り方

1 バターをホイッパーで軽く混ぜる。

2 1に生クリームを少しずつ加え、ホイッパーでなめらかになるまで混ぜる。
Point バターが溶けないよう手早く行う。

※冷蔵庫で2〜3日、冷凍庫で2週間ほど保存可能。

メイズ・クリーミーホワイト

Maids Creamy White

難易度｜★★★

イメージしたのはヘンリー８世が愛したメイズ・オブ・オナーというお菓子。
バターたっぷりのパイクッキー生地にチーズクリームがよく合います。

材 料　直径5cm 25〜30枚分

◆ **パイクッキー生地**
無塩バター　135g
薄力粉　202g
A｜全卵　44g
　｜塩　2g
　｜水　34g
つや出し用卵黄　適量

◆ **チーズクリーム**
カランツ　15g
チーズパウダー　9g
ホワイトチョコレート　60g
無塩バター　18g
塩　3g

下準備

- バターは1cm角程度に切って冷蔵庫で冷やす
- 薄力粉はふるっておく
- 卵、水は冷やしておく
- チーズクリームのバターはやわらかくする
- オーブンを190℃に温めておく

作り方

1 薄力粉にバターを入れ、指先でバターをつぶしながら粉と合わせる。粉がなじんだら両手でこすり合わせてぽろぽろの砂状にする。
Point 手の温度でバターが溶けてしまうので、すばやく行う。

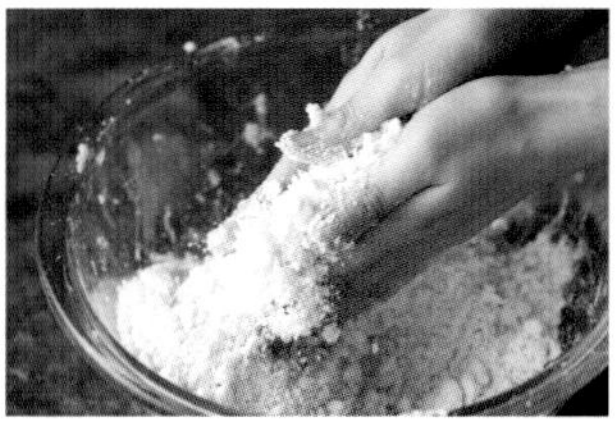

2 Aを混ぜる。**1**の中央を凹ませて冷たい状態のAを流し、カードで切り混ぜる。

3 生地がまとまったらラップに包んで、めん棒で四角く平らにして一晩冷蔵庫へ入れておく。

4 生地を厚さ2mm程度にめん棒で押し伸ばして型で抜く。オーブンシートを敷いた天パンに並べて、フォークで表面に穴を開ける。

5 180℃で約20分焼く。途中で生地が浮いてきたら、バットなどを軽く押し当てる。
Point バットでクッキーを軽く押すことで、凹凸が防げてフラットに焼きあがる。

6 クッキーが焼けたら、溶いたつや出し用卵黄をはけで塗り、200℃のオーブンで5分ほど焼く。クッキーが冷めたら、チーズクリームをのせる。

チーズクリームの作り方

1 耐熱ボウルにホワイトチョコレートを入れ、電子レンジで10秒加熱する。軽く混ぜて再び10秒加熱する。これを溶けるまで繰り返し、45℃くらいにする。

2 溶けたチョコレートを30℃まで冷まし、バターを加えて混ぜる。チーズパウダー、塩を入れて混ぜ、カランツを加えて混ぜる。
Point チョコレートを冷ましてから合わせないと、バターが溶けてしまう。

アプリコット・ミンス・パフ

Apricot Mince Puff

難易度｜★★★

ミンスとは、シナモンやナツメグなどのスパイス類とドライフルーツなどを
お酒に漬け込んだもの。英国のクリスマスの定番お菓子です。

材 料　直径5cm 40～50枚分

◆パイクッキー生地
無塩バター　270g
薄力粉　405g
A｜全卵　87g
　｜塩　4g
　｜水　67g
つや出し用卵黄、牛乳　各適量
（1:1の割合で混ぜる）
グラニュー糖　適量
◆アプリコットミンス
A｜ドライアプリコット　65g
　｜オレンジの皮のすりおろし
　｜4g（½個分）
　｜オレンジ果汁　30g（½個分）
　｜ミックススパイス　1g
　｜ナツメグパウダー　2g
　｜きび砂糖　50g
B｜レーズン　130g
　｜カレンツレーズン　50g
　｜無塩バター　40g
ブランデー　30g

下準備

- バターは1cm角程度に切って冷蔵庫で冷やす
- 薄力粉はふるっておく
- 卵、水は冷やしておく
- オーブンを180℃に温めておく

※製菓用ミックススパイスは市販のものを使用しています。

作り方

1 薄力粉にバターを入れ、指先でバターをつぶしながら粉と合わせる。粉がなじんだら両手でこすり合わせてぽろぽろの砂状にする。
Point 手の温度でバターが溶けてしまうので、すばやく行う。

2 Aを混ぜる。**1**の中央を凹ませて冷たい状態のAを流し、カードで切り混ぜる。

3 生地がまとまったらラップに包んで、めん棒で四角く平らにして一晩冷蔵庫へ入れておく。

4 生地を厚さ2mm程度にめん棒で押し伸ばし、冷蔵庫で約1時間休ませる。

5 生地を型で抜き、オーブンシートを敷いた天パンに並べ、アプリコット・ミンスを小さじ1程度のせる。

6 はけでふちに水をつけ、もう一枚を重ね、指で軽く押して密着させる。

7 生地の中央をナイフの先で刺し、つや出し用の卵黄と牛乳を薄く塗る。

8 生地のふちにグラニュー糖をふる。170℃のオーブンで約30分焼く。

アプリコットミンスの作り方

1 アプリコットは7～8mm角にきざむ。Aをボウルに合わせて冷蔵庫に一晩入れておく。

2 鍋に**1**とBを入れて中火にかけ、10分ほど煮て味を含ませる。

3 粗熱が取れたらブランデーを加える。殺菌した保存瓶に入れて寝かせると、さらに味がなじんでおいしくなる。

ローリーポーリー・ラズベリー

難易度｜★★★★★

Roly-Poly Raspberry

クッキー生地とパイ生地を合わせたお菓子。２つの違った食感が楽しめて、
間にはさんだラズベリージャムの甘酸っぱさがアクセントに。

材料　直径6cm 40〜50枚分

◆ **パイクッキー生地**
無塩バター　135g
薄力粉　202g
A｜全卵　43.5g
　｜塩　2g
　｜水　33g
◆ **クッキー生地**
無塩バター　130g
B｜粉糖　90g
　｜塩　0.5g
全卵　25g
薄力粉　200g
◆ **ラズベリーペパン**
（材料と作り方はP41参照）
◆ **アイシングベリー**
ラズベリージュース　14g
粉糖　52.5g

下準備

- 練りパイ生地のバターは1cm角程度に切って冷蔵庫で冷やす
- クッキー生地のバターはやわらかくする
- 薄力粉はふるっておく
- 水は冷やしておく
- オーブンを180℃に温めておく

アイシングベリーの作り方

粉糖にラズベリージュースを加えてなめらかになるまで溶かす。

作り方

1 パイクッキー生地を作る。薄力粉にバターを入れ、指先でバターをつぶしながら粉と合わせる。粉がなじんだら両手でこすり合わせてぽろぽろの砂状にする。

2 Aを混ぜる。**1**の中央を凹ませて冷たい状態のAを流し、カードで切り混ぜる。

3 生地がまとまったらラップに包んで、めん棒で四角く平らにして一晩冷蔵庫へ入れておく。

4 クッキー生地を作る。バターにBを加え、カードでムラなく混ぜる。卵を合わせてなじむまで混ぜる。

5 **4**に薄力粉を3回に分けて加え（そのつど混ぜる）、粉っぽさがなくなるまで切り混ぜる。
生地をまとめてラップに包み、四角く平らにして冷蔵庫で約1時間休ませる。

6 生地を冷やしている間にラズベリーペパンを作る。

7 パイクッキー生地とクッキー生地をそれぞれ18cm×24cm程度、厚さ3mm程度にめん棒で伸ばす。

8 クッキー生地の片全面にカードでラズベリーペパンを薄く塗り、パイクッキー生地を重ねる。

9 パイクッキー生地の上から軽くめん棒をかけて生地同士を接着させ、切りやすくするため30分程度冷蔵庫で冷やす。

10 **9**の四方を切り落とし、1cm幅の帯状に切っていく。

11 帯状になった生地の両端を持ってねじり、円形に巻いて成型する。ねじるときにちぎれやすいので要注意。

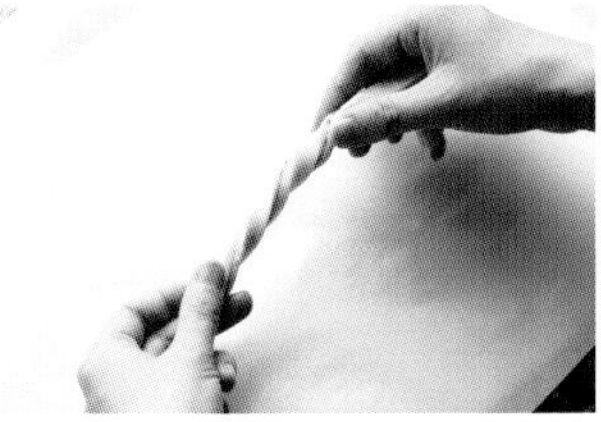

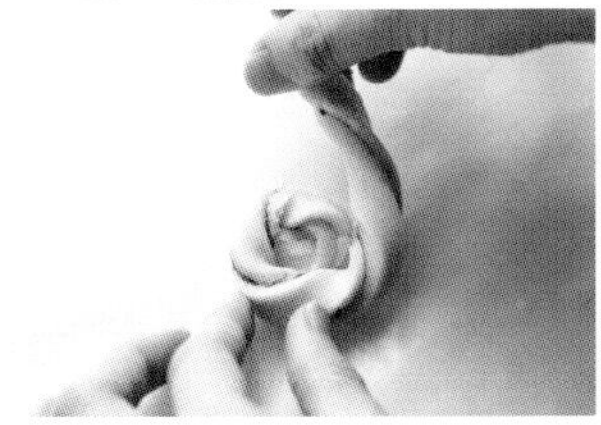

Point 生地の温度が上がるとバターがやわらかくなり扱いにくいので、生地を切ったらバットに入れて冷蔵庫で冷やしながら行う。

12 オーブンシートを敷いた天パンに並べて175℃で20分焼く。

13 アイシングベリーを用意し、焼き立ての**12**に塗って仕上げる。

チェリー・クランブルパイ

難易度｜★★★★★

Cherry Crumbled Pie

サクサクとしたパイクッキー生地にクランブルをのせて焼き、チェリージャムを添えました。
チェリージャムをほかのフルーツのコンポートにしてもかまいません。

材料　直径5cm 40〜50枚分

◆ パイクッキー生地
無塩バター 270g
薄力粉　405g
A｜全卵　87g
　｜塩　4g
　｜水　67g
接着用卵黄　適量
◆ クランブル　15g
（材料と作り方はP48参照）
◆ チェリーコンポート　10g
（チェリージャムでもOK）
◆ 仕上げ用
粉糖　適量

下準備

- バターは1cm角程度に切って冷蔵庫で冷やす
- 薄力粉はふるっておく
- 卵、水は冷やしておく
- クランブルのバターはやわらかくする
- オーブンを180℃に温めておく

作り方

1 薄力粉にバターを入れ、指先でバターをつぶしながら粉と合わせる。粉がなじんだら両手でこすり合わせてぽろぽろの砂状にする。

2 Aを混ぜる。**1**の中央を凹ませて冷たい状態のAを流し、カードで切り混ぜる。

3 生地がまとまったらラップに包んで、めん棒で四角く平らにして一晩冷蔵庫へ入れておく。

4 生地を厚さ2mm程度にめん棒で押し伸ばし、冷蔵庫で約1時間休ませる。

5 生地を休ませている間にクランブルを作る。

6 生地を型で抜き、オーブンシートを敷いた天パンに並べる。溶いた接着用卵黄を薄くはけで塗り、クランブルをのせて170℃のオーブンで約30分焼く。

7 焼きあがったら粉糖をふり、汁けをきったチェリーコンポートをのせる。

TEA

Chapter
5

作り方いろいろ個性派クッキー

ナッツやオートミールたっぷりのグラノーラバーや、
英国の代表的なスプレッドレモンカードを使ったものなど、
まだまだある英国伝統のお菓子たちを紹介します。

フラップジャック・ナッツバー

難易度 | ★

Flapjacks Nuts Bar

フラップジャックとはイギリスの日常的なおやつで、オートミールやドライフルーツ、ナッツなどを使ったシリアルバーのようなもの。「洋風おこし」ともいえます。

材料 5cm×5cm 約25枚分

A | 無塩バター 150g
 | きび糖 80g
 | はちみつ 80g
 | 塩 2g

オートミール 200g
くるみ 40g
ヘーゼルナッツ 40g

下準備

- バターはやわらかくする
- くるみとヘーゼルナッツは150℃に予熱したオーブンで10〜15分焼き、粗くきざむ。
- オーブンを160℃に温めておく

作り方

1 Aを鍋に入れて中火にかけ、混ぜながら加熱する。

2 ふつふつと煮立ってきたら火を止め、オートミール、くるみ、ヘーゼルナッツを加えて蜜をからませる。

3 2をオーブンシートを敷いたバットに広げ、5mm厚さになるようカードで平らにならす。バットごと天パンにのせて150℃のオーブンで約20分焼く。

4 焼きあがったらバットからはずし、粗熱が取れたら包丁で5cm角に切る。

Point 完全に冷めてしまうと切るときに割れやすいので、あたたかいうちに切る。

ウェルシュ・ベイクストーン

難易度 | ★★★

Welsh Bakestone

ウェールズの伝統的なお菓子。シナモンやナツメグなどのスパイスや、ドライフルーツ入りの生地をフライパンで焼いて仕上げます。

材料　直径5～6cm 約15～18枚分

◆ クッキー生地
無塩バター　70g
A | 薄力粉　140g
　| シナモンパウダー　1g
　| ナツメグパウダー　1g
　| ベーキングパウダー　5g
　| 塩　1g
レーズン　35g
カレンツレーズン　35g
グラニュー糖　50g
B | 全卵　140g
　| 牛乳　15g

◆ 仕上げ用
グラニュー糖　適量

下準備

- バターは1cm角程度に切って冷蔵庫で冷やす
- Aはふるって冷蔵庫で冷やす
- Bを混ぜ合わせて冷蔵庫で冷やす

作り方

1 Aにバターを入れ、指先でバターをつぶしながら粉と合わせる。粉がなじんだら両手でこすり合わせてぽろぽろの砂状にする。

Point 手の温度でバターが溶けるので、すばやく行う。

2 **1**にレーズン、カレンツ、グラニュー糖を加えて、手を熊手のようにして手早くざっくり混ぜ合わせる。

3 **2**の中央を凹ませ、冷たい状態のBを2回に分けて加え、そのつどカードで切り混ぜる。

4 フッ素樹脂加工のフライパンを中火にかけ、スプーンで**3**をすくって直径4～5cmほどの大きさに広げて焼く。

5 生地の端にプツプツと気泡が出てきたら、裏に返してターナーで軽く押さえる。2～3分焼いて中まで火を通す。

6 グラニュー糖をボウルに入れ、焼けた**5**を入れて全体にまぶす。

プディング・ラスク

難易度｜★★

Pudding Rusk

カランツ入りのパウンドケーキをスライスし、バターとグラニュー糖をつけてラスクに。サクッと軽やかでエアリーな、新食感のお菓子です。

材料　長さ14cm×幅5cm×高さ5cmのパウンド型1台分

無塩バター　112g
グラニュー糖　218g
全卵　162g
サラダ油　12g
A｜薄力粉　188g
　｜ベーキングパウダー　3g
アーモンドパウダー　35g
カランツ　18g
無塩バター、グラニュー糖　各適量

下準備

- バターはやわらかくする
- Aを合わせてふるう
- オーブンを160℃に温めておく

作り方

1 バターにグラニュー糖を加えて混ぜ、ホイッパーで白っぽくなるまですり混ぜる。

2 溶いた全卵を少しずつ加え、そのつど混ぜ合わせる。サラダ油も加えて混ぜる。

3 Aとアーモンドパウダーを合わせ、半量ずつ**2**に加えてホイッパーで混ぜる。粉っぽさがなくなって生地につやが出るまで混ぜたら、カランツを加えて混ぜる。

4 パウンド型の内側にオーブンシートを敷き、生地をゴムべらですくって落とす。

5 **4**を型の半量まで入れたら、トントンと型を軽く落として空気を抜き、スプーンで生地を両端になすりつける。

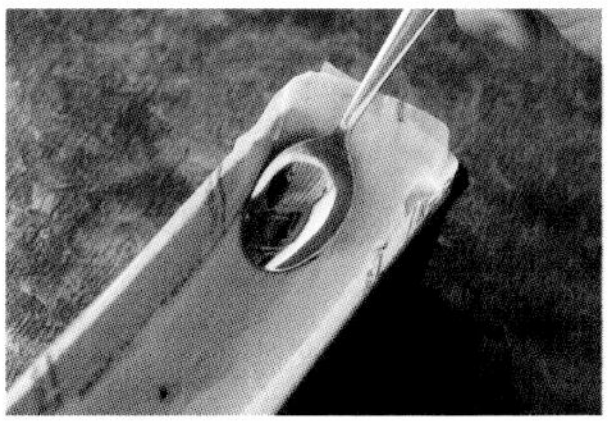

Point　焼くと中央が膨らむため、スプーンで両端になすりつけておく。

6 **5**を天パンにのせ、160℃のオーブンで約40分焼く。

7 パウンドケーキが焼けたら1cm厚さに切り、オーブンシートを敷いた天パンに並べる。

8 パウンドケーキの表面に薄くバターを塗ってグラニュー糖を散らす。140℃のオーブンで約40分焼いて乾燥させる。

トフィー・キャラメリー

難易度｜★★★★★

Toffee Caramel

クッキー生地の上にトフィーを流してカット。クッキーのサクサク感と絶妙にマッチします。
トフィー（タフィー）はキャラメルヌガーと呼ぶことがあります。

材 料　10cm×15cmのバット4枚分

◆ クッキー生地
バター　225g
粉糖　90g
卵黄　10g
A｜強力粉　250g
　｜コーンスターチ　50g
アーモンドスライス　適量

◆ トフィー
練乳　180g
水あめ　50g
グラニュー糖　80g
B｜バター　80g
　｜塩　1g

下準備

- バターはやわらかくする
- Aを合わせてふるう
- アーモンドスライスはローストする（150℃のオーブンで約20分焼く）
- オーブンを150℃に温めておく

作り方

1 バターに粉糖を加えてムラなく混ぜる。

2 卵黄を合わせてなじむまで混ぜる。

3 **2**にAを3回に分けて加え（そのつど混ぜる）、粉っぽさがなくなるまでゴムべらで切り混ぜる。

4 生地をひとまとめにしてラップに包み、めん棒で四角く平らにして冷蔵庫で約2時間休ませる。

5 **4**はラップをしたまま3mm厚さ程度にのばす。バット（10cm×15cm程度のもの）に合わせて生地を切り、フォークで穴を開ける。

6 バットにオーブンシートを敷いて**5**を入れ、天パンにのせて140℃のオーブンで約20分焼く（写真は焼き上がり）。

7 **6**が焼けたらトフィーを作る。トフィーの作り方**3**までできたら、再度小鍋を弱火にかけて112℃まで加熱し、トフィーが熱々の状態で**6**に流す。

8 ゴムべらで均等にならしてアーモンドスライスを散らす。

9 20分ほど冷ましてトフィーがかたまったらクッキー生地を表にして、割れに注意しながら包丁で切る。

トフィーの作り方

1 練乳と水あめを中火にかけ、溶けたらグラニュー糖を少しずつ加えて混ぜ溶かす。一気に入れるとダマになったり結晶化するので注意。

2 温度計で計りながら110℃まで加熱し、沸騰したら弱火にする。ゴムべらで底から混ぜながら、褐色に色づくまで加熱し続ける。

3 火を止めてBを入れてゴムべらで混ぜる。

ベリー・パヴロヴァ

Berry Pavlova

難易度｜★★★★★

泡立てた卵白にピスタチオやドライフルーツを混ぜて焼いた、メレンゲのお菓子。
コーンスターチを加えて軽い食感に。

材料 直径5cm 25～30枚分

卵白 60g
グラニュー糖 32g
A｜アーモンドパウダー 32g
　｜コーンスターチ 9g
粉糖 9g
B｜クランベリー 55g
　｜レーズン 50g
　｜カランツ 25g
　｜ピスタチオ 10g

下準備

- 卵白は冷蔵庫で冷やす
- Aを合わせておく
- ピスタチオは粗くきざんでおく
- オーブンを150℃に温めておく

作り方

1 大きめのボウルに卵白を入れる。グラニュー糖を2～3回に分けて加えながら、ツノがピンと立ってきめ細かくしっかりしたメレンゲになるまでホイッパーで泡立てる。

2 メレンゲにAを加えて、泡がつぶれないようにゴムべらでさっくりと切り混ぜる。Bも加えて混ぜる。

Point 全体がざっくり混ざればよい。混ぜすぎるとメレンゲがしぼんでしまうので、手早く行う。

3 オーブンシートを敷いた天パンに3cmほどの間隔をあけて、大さじ1程度の生地をのせる。スプーンの腹で平らにならし、140℃のオーブンで約20分焼く。

ミス・レモンカード

Miss Lemon Curd

難易度｜★★★★★

しっかり泡立てたメレンゲに、アーモンドパウダーとレモンカードをプラス。焼き上がりはマカロンのような食感です。ひび割れがかわいいお菓子。

材料　直径3cm 約50個分

◆ クッキー生地

卵白　60g

レモン果汁　2.5g

A｜アーモンドパウダー　200g
｜グラニュー糖　200g
｜塩　1.5g

◆ レモンカード　5g

（材料と作り方はP90参照）

粉糖　適量

下準備

- Aを合わせておく
- レモンカードを作る
- オーブンを160℃に温めておく

作り方

1 大きめのボウルに卵白とレモン果汁を入れて、ホイッパーでツノがピンと立つまでしっかりと泡立てる。

Point 卵白にレモン果汁を加えて泡立てると、きめ細かくしっかりとしたメレンゲになる。

2 メレンゲにAを加えて、泡がつぶれないようにゴムべらでさっくりと切り混ぜる。

3 Aとメレンゲがざっと混ざったら、レモンカードを加え、粉っぽさがなくなるまで混ぜる。

4 生地を直径2cm程のボール状に丸め、ボウルに入れた粉糖を全体にまぶす。

5 オーブンシートを敷いた天パンに、3cmほどの間隔をあけてのせ、150℃のオーブンで約30分焼く。

レモンカードの作り方

材料　約250g分

A｜卵黄　15g
｜全卵　23g
｜グラニュー糖　53g
レモン果汁　100g（2〜2.5個分）
無塩バター　66g

下準備

- バターはやわらかくする
- 鍋が入る程度のボウルに氷水を用意する

作り方

1　ボウルにAを入れ、ホイッパーで白っぽくなるまでよく混ぜる。

2　レモン果汁は小鍋に入れて火にかけ、ふつふつ沸いてくるまで加熱する。

3　**2**を少しずつ**1**に加えてホイッパーで混ぜる。

4　全部混ざったら鍋に戻し入れ、中火にかける。ゴムべらで混ぜながら加熱する。

5　**4**にとろみがついてふつふつ沸いてきたら火を止める。

6　**5**を鍋ごと氷水につけて、混ぜながらときどき温度をチェックしながら冷ます。

7　35℃まで下がったらバターを加えて混ぜ溶かす。
Point　混ぜている間に分離したら、再び火にかけて温めればOK。

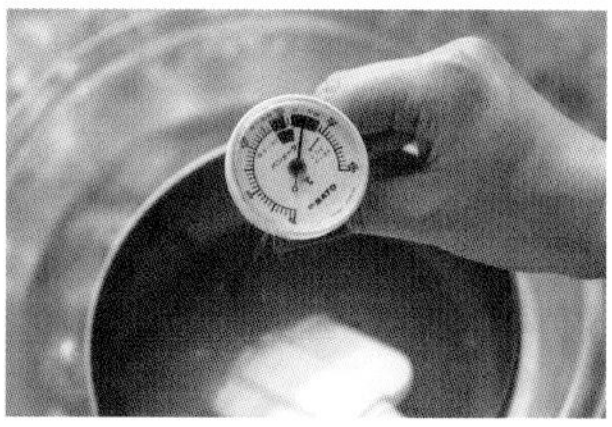

8　とろりと仕上がったら、アルコールで殺菌した保存瓶に入れ、冷蔵庫で4〜5日、冷凍庫で2週間ほど保存可能。

英国伝統の
お菓子の話

英国には伝統的なお菓子がたくさんあります。クッキー同盟のクッキーも、それらにヒントを得たり、アレンジしたものがいっぱい。代表的なお菓子の歴史やルーツ、そして発祥の地方のことなど、英国菓子についてご紹介。

歴史と伝統のあるお菓子

英国には古くは16世紀から伝わるものなど、歴史と伝統があるお菓子が数多く存在し、
今も愛されています。お菓子の歴史を知ると、食べるのも楽しい！

シードケーキ

1500年代からあったと言われていますが、当時はかたいビスケットのようなものでした。シードケーキに欠かせないのは、「キャラウェイシード」。シンプルなスポンジケーキに、キャラウェイシードが甘くさわやかに香る、素朴な味わいが人気です。

アレンジレシピ

▶P16
キャラウェイ・ナッツ

オールド・ジンジャー・ブレッド

英国全土で食べられている歴史の古いお菓子です。しょうが（ジンジャー）が英国に渡ったのは10世紀ごろ。インドや中国から入ってきました。16世紀になると、その味わいや薬効が広く親しまれ、お菓子にも取り入れられるようになりました。

アレンジレシピ

▶P18
スパイシー・ジンジャーズ

ショートブレッド

スコットランドの伝統菓子で、日本でもよく知られている英国菓子のひとつ。古くはクリスマスや新年のお祭りに食されていました。「ショート」とは、サクサクする、もろいという意味。サクッとした食感でバターの風味も豊かです。

アレンジレシピ

▶P24
オープン・セサミ

メイズ・オブ・オナー

「メイズ・オブ・オナー」とは「女王に仕える侍女」という意味。メイドが作ったお菓子が、ヘンリー8世の大のお気に入りになったことから命名されました。薄いパイ生地にクリームなどをのせた小さな焼き菓子で、サクサクとした食感に魅了されます。

アレンジレシピ

▶P68
メイズ・クリーミーホワイト

フラップ・ジャック

はちみつや砂糖を使ったシロップで、ドライフルーツやナッツなどを固めたグラノーラバーのようなもの。17世紀には存在したと言われています。オートミールも入っているので、噛みごたえがあり、朝食がわりに食べることも。

アレンジレシピ

▶P78
フラップジャック・ナッツバー

人気の定番お菓子

英国のティータイムに欠かせない人気のお菓子たち。日本でもおなじみのケーキもあります。学校給食のデザートにも出るなど、生活に根づいています。

キャロット・ケーキ

英国のティールームでも必ず見つける定番ケーキのひとつで、18〜19世紀、砂糖が高価だった時代に、にんじんの甘みを生かして作られました。にんじんペースト入りのスパイシーなケーキに、チーズクリームをのせていただきます。

アレンジレシピ

▶P26
クリミー・キャロット

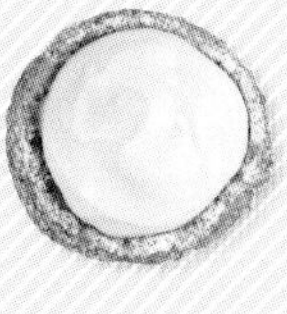

レモン・ドリズル・ケーキ

「ドリズル」とは「たらす」という意味があり、焼きあがったパウンドケーキに、レモンを効かせたアイシングをかけたものをレモン・ドリズル・ケーキといいます。レモンシロップをたっぷりかけるので、甘酸っぱくてしっとりとした味わいです。

アレンジレシピ

▶P36
ドリズル・レモン

ヴィクトリア・サンドイッチ・ケーキ

もともとはヴィクトリア女王のために作られたお菓子。バター・砂糖・卵が1：1：1の同割で作るスポンジに、いちごなどのジャムやマーマレードをはさんだ素朴でシンプルなケーキです。現在では生クリームをはさむなど、豪華に進化したものも。

アレンジレシピ

▶P42
ヴィクトリア・ラズベリー

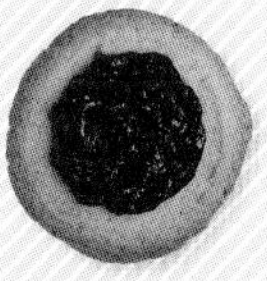

ミンスパイ

英国のクリスマスシーズンには欠かせないお菓子。ミンスとはドライフルーツやナッツ、シナモンなどのスパイスをブランデーやラム酒などのお酒に漬けこんだもので、そのミンスをパイ生地で包んで焼きあげます。

アレンジレシピ

▶P70
アプリコット・ミンス・パフ

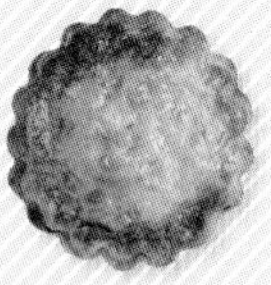

ローリー・ポーリー

ジャムを塗った生地をロールケーキのように巻いて、オーブンで焼いたり蒸したりして作るローリー・ポーリーは、『ピーターラビットのおはなし』の中に登場したり、学校給食のデザートとして食べられるほど愛されている定番お菓子です。

アレンジレシピ

▶P72
ローリーポーリー・ラズベリー

地方色豊かなお菓子

連合王国である英国は、それぞれの地域や街によって独自の特徴や文化があります。
お菓子には発祥の地名がついているものもあるのです。

Ireland アイルランド

アイリッシュ・ティー・ブラックケーキ

紅茶やドライフルーツ、シナモンなどのスパイス、そしてアイルランドのウイスキーの組み合わせが生み出す複雑なおいしさです。ハロウィンのときに食べられる伝統菓子。ウイスキーの豊潤な香りがココア入りのコクのあるケーキを引き立てます。

アレンジレシピ
▶P35
アイリッシュ・ティータイム

チョコレートと黒ビールのケーキ

アイルランド人がこよなく愛するギネスビールは、独特の風味が特徴で、飲むだけでなくギネスシチューなどの料理や、お菓子にも使われます。チョコレートとも相性が良く、この2つを組み合わせることで、奥行きのあるコクが生まれます。

アレンジレシピ
▶P50
ギネス・チョコマロン

Wales ウェールズ

ウェルシュ・ケーキ

グリドルストーンと呼ばれる鉄板で焼く、パンケーキのようなお菓子。ウェールズではあちこちに屋台が出ていて、気軽に食べることができます。スパイスやドライフルーツなどを混ぜて焼く、日常的なおやつ。あつあつのおいしさを味わいます。

アレンジレシピ
▶P80
ウェルシュ・ベイクストーン

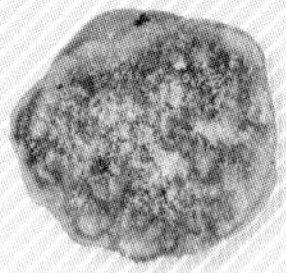

Bakewell ベイクウェル

ベイクウェル・タルト

自然豊かなベイクウェルで誕生したお菓子。サクサクのタルト生地に、甘酸っぱいラズベリージャムをはさみ、スライスアーモンドをトッピング。ラズベリーの酸味がアクセントの、シンプルだけど味わい深い、英国らしいお菓子のひとつです。

アレンジレシピ
▶P41
ラズベリー・ベイクウェルサンド

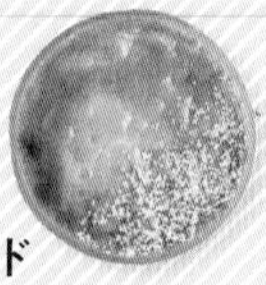